Carina Zinkeisen

„Abnehmturbo Sirtfood"

Wie Sie mit dem Schutzenzym Sirtuin abnehmen, Übersäuerung stoppen und gesundheitliche Defizite spürbar abschwächen

ersa Verlag

„Abnehmturbo Sirtfood“

Wie Sie mit dem Schutzenzym Sirtuin abnehmen, Übersäuerung stoppen und gesundheitliche Defizite spürbar abschwächen

Carina Zinkeisen

1.Auflage 2020
ersa Verlag
www.ersa-verlag.de
ISBN 978-3-948732-02-8

Printed in Germany

ersa Verlag UG (haftungsbeschränkt)
Gagzow, Dorfstr.15,
23974 Krusenhagen/Germany

Inhaltsverzeichnis

Vorwort

Die weltbekannte Sängerin Adele (32) hat sich ziemlich neu „erfunden“:
In zwei Jahren ca. 40 Kilogramm weniger!
Klar, dass sie selbstbewusst und gelöst in die Kamera blickt und strahlend figurbetonte Kleidung trägt. Kaum noch zu erkennen ist, denn wir alle haben Adele ja als stimmgewaltig und hübsch, aber auch sehr dick im Gedächtnis abgespeichert. Doch das ist sie definitiv nicht mehr.

Was aber steht hinter diesem Wahnsinnserfolg und wie kann diese Art der Ernährung, die sich die Heilkraft der Sirtuine (deswegen der Name Sirtfood Diät) zu Nutzen macht, nicht nur einen „schnöden“ Gewichtsverlust bewirken, sondern auch sehr viele Vorteile für unsere Gesundheit haben?

Hier nur kurz so viel:
Sirtuine sind spezielle Proteine, die beim Muskelaufbau und bei der Fettverbrennung helfen, unser Immunsystem stärken oder Reparaturprozesse ankurbeln. Dies bedeutet, dass der Alterungsprozess verlangsamt wird und man somit „länger jung“ bleibt.

Ganz besonders viele Sirtuine sind in Grünkohl, Äpfeln, Blaubeeren, Zitrusfrüchten, Buchweizen, Walnüssen, Sellerie und Soja, aber auch Grüntee, Kaffee, Rotwein und sogar schwarzer Schokolade ab 85 Prozent Kakaoanteil enthalten. Verzicht hört sich wirklich anders an und zusätzlich zu den Sirtuinen haben diese Lebensmittel auch super viele sehr gesunde Polyphenole, die unsere Gefäße gesund halten und antientzündlich wirken.

Eine frisch zubereitete, vollwertige, biologisch angebaute Ernährung (ohne industriell verarbeitete Fertigware) hat durch die sekundären Pflanzenstoffe in der Pflanzennahrung extrem positive Auswirkungen auf unseren Körper. Diese sekundären Pflanzenstoffe wirken unmittelbar auf das Immunsystem und aktivieren

Reparatur - und Heilungsprozesse. So können die Sirtuine ihre Arbeit tun, wir nehmen ab und stärken unser Immunsystem, leiten Reparaturprozesse ein und dehnen unsere Lebensspanne. Klingt interessant? Dann wünsche ich Ihnen viel Spaß mit dem Buch und gutes Gelingen.

Diese Prominenz schwört auf Sirtfood

Adele habe ich ja bereits im Vorwort erwähnt. Die britische Sängerin ist die bekannteste, da sie in unserer aller Erinnerung immer sehr hübsch, aber auch sehr übergewichtig war. Auf neuen Bildern ist sie kaum noch zu erkennen, 40 Kilo leichter.

Wer auch noch zu nennen ist, ist Pippa Middelton, Kates Schwester. Ähnlich wie ihre Schwester, die sich mit der Dukan Diät auf ihre Hochzeit mit William vorbereitete, „sirtfoodete" Pippa vor ihrer Vermählung.

Spannend ist auch Lorraine Pascale. Als früheres Top-Model weiß sie, wie wichtig gesundes Essen für einen schönen, schlanken und gesunden Körper ist. Mittlerweile ist sie eine bekannte TV- Köchin und Sirtfooderin.

Sehr interessant ist die Sirtfood Diät natürlich auch für Sportler, die ja von einem schlanken und athletischen Körper mit wenig Fett und guten Muskeln abhängig sind. Hier sind der britische Segler und mehrfache Olympiasieger Sir Ben Ainslie und David Haye, der ehemalige WBA Weltmeister im Boxen, zu nennen.

Das Geheimnis der Sirtuine – Eine kleine Einleitung

Sirtuine sind radikal einfach. Mit ihnen kann man abnehmen und das neue Gewicht halten und ganz einfach sehr viel Positives für die eigene Gesundheit tun. Klingt erst einmal verheißungsvoll.

Doch was genau sind Sirtuine und wie wirken sie auf den Körper? Das werden Sie in diesem Kapitel erfahren.

Sirtuine, auch *Sir2-like Proteine* genannt, sind eine Familie multifunktionaler Enzyme. Sie kommen hoch konserviert in allen Lebewesen wie Bakterien, Hefen, Würmern, Insekten, Säugetieren und Menschen, aber auch in Viren, vor. Während die meisten einfachen Organismen – wie Bakterien – nur eines oder wenige Sirtuine besitzen, haben Hefen vier und der Mensch sieben verschiedene dieser Enzyme.

Sirtuine sind sozusagen die *Reparatur- und Langlebigkeitsenzyme Ihres Organismus*. Aktuell kennen wir sieben verschiedene Sirtuine. Sie kurbeln Stoffwechsel und Fettverbrennung an und bauen Muskeln auf. Darüber hinaus regulieren sie Entzündungsreaktionen und verlangsamen Zellalterungsprozesse.

Ihre wahrscheinlich wichtigste Aufgabe ist aber wohl die Reparatur von Zellschäden im Erbgut der Zellen, was auch als Krebsprävention gut geeignet ist.

Bewegungsmangel, Über- und Fehlernährung hemmen Sirtuine

Aktiviert werden sie hingegen durch Bewegung, Kalorienrestriktion (z.B. Fasten) und durch Lebensmittel, deren sekundäre Pflanzenstoffe sirtuinaktivierend wirken. Sie werden auch als *Sirtfood-Lebensmittel* bezeichnet.

Ich persönlich kombiniere die Heilkraft der pflanzlichen Sirtuine mit dem Intervallfasten, da in den Nahrungspausen, speziell auch beim sogenannten *Dinner Cancelling*, viele Reparaturprozesse im Körper freigesetzt werden.

Meine Buchtipps hierzu:

- Michael Mosley „The fast diet – das Original: 5 Tage essen – 2 Tage fasten“ –
- Pauline Höppner – „Endlich schlank! Intervallfasten für Frauen - Fett verbrennen am Bauch & Hungerstoffwechsel ankurbeln durch intermittierendes Fasten. Gesund abnehmen mit Intervallfasten 16:8 & 5:2 - auch für Anfänger“ –
- Dr. Petra Bracht – „Intervallfasten: Für ein langes Leben - schlank und gesund“

Gut zu wissen: Was Sirtuine so wertvoll macht

- Stimulation des Wachstums von Axonen
- Kontrolle der Mitose – *kontrollierte Zellteilung* – sehr wichtig als Tumorprophylaxe
- Apoptose – *programmierter Zelltod* – abnorme, fehlplatzierte, nicht funktionstüchtige, eventuell für den Körper gefährliche Zellen, werden so aussortiert und bewahren den restlichen Organismus vor größeren Schäden – wichtig bei der Tumorprophylaxe
- Tumorsuppression
- Regulation des Zellstoffwechsels
- Regulation der Insulinsynthese - sehr wichtig bei Prädiabetes und zur Gewichtsabnahme
- Reduktion von oxidativem Zellstress
- Alterungsprozesse werden gehemmt – *Anti Aging*
- Schutz der Telomere
- Schutz des Herzens vor Gewebeschäden durch freie Radikale

Durch ihre entscheidende Rolle in zahlreichen biochemischen Regulationsprozessen sind Sirtuine möglicherweise sehr sinnvoll für vollkommen neuartige Therapieansätze

Ihre stimulierende Wirkung auf das Wachstum von Neuronen bzw. Axonen könnte beispielsweise neue Behandlungsmöglichkeiten für neuromuskuläre Erkrankungen (*Morbus Parkinson, Amyotrophe Lateralsklerose, Multiple Sklerose…*) liefern.

Gleiches gilt für die Entstehung von Mutationen und damit die Onkologie (und vielleicht sogar Viren wie aktuell den Corona). Eventuell kann durch die gezielte Beeinflussung der Sirtuine die Entstehung von Krebs frühzeitig unterbunden werden. Eine Verzögerung des Alterns oder gar eine deutliche Lebensverlängerung ist aber auch durch Sirtuine nicht wissenschaftlich bestätigt, entsprechende Tierversuche verliefen erfolglos.

Das „Megaplus“ der „Pflanzen Sirtuine“

Ist unser Magen leer, beginnt unser Organismus mit der Aktivierung der Sirtuine. Die sinnvollste Form der Ernährung ist genau aus diesem Grund das Intervallfasten (*intermittierendes Fasten, IF*), denn diese Fastenform kann uns ein langes Leben mit Gesundheit und Wohlbefinden bescheren.

Auch bei bestimmten Lebensmitteln (*Sirtuin-Food*) werden Sirtuine aktiviert. Grund hierfür sind moderate Gifte in bestimmten Nahrungsmitteln, die unser Immunsystem aktivieren und Reparaturprozesse ankurbeln können. Diese durch sekundäre Pflanzenstoffe ausgelösten Reize wirken als ultimativer Anstoß für wirkungsvolle Heilprozesse in unserem Körper, in der Naturmedizin spricht man auch vom sogenannten *Hormesis-Prinzip*. Denn genau wie diese moderaten Gifte die Pflanzen vor Fressfeinden schützen, schützen sie uns Menschen durch die Reaktion, die sie in unserem Körper auslösen. Wichtig zu wissen ist jedoch, dass nur Pflanzen aus kontrolliert biologischem Anbau diese wichtigen gesundheitsfördernden Pflanzenstoffe enthalten. Pestizide aus der industriellen Landwirtschaft schützen die Pflanzen derart, dass selbige keine eigenen Pflanzenschutzstoffe mehr bilden müssen. Wer das „Hormesis-Prinzip“ verstanden hat, weiß ganz genau, weshalb biologische Qualität so wichtig ist. [1]

Auf die Wirkweise der Sirtuine sind Forscher übrigens erstmals im Jahr 2003 gestoßen. Man stellte damals fest, dass Resveratrol, eine Substanz, die unter anderem in blauen Trauben und damit natürlich auch in Rotwein vorkommt, denselben gesundheitlichen Vorteil hat wie Kalorienrestriktion. [2] Und das komplett ohne Stress für den Körper, den das Fasten oft mit sich bringt. Nebenwirkungen des Fastens sind ja oft Muskelabbau und eine Schwächung des Immunsystems, doch dazu später mehr.

Sirtuine – eine Wunderwaffe für die Figur und Gesundheit

Sirtuine unterstützen das Abnehmen und den Gewichtserhalt sehr gut, wie man ja an Adele sieht. Abnehmen ist aber nicht nur eine Frage der schnöden Ästhetik, man hat aktuell festgestellt, dass ein Bodymassindex über 30 sowie ein eklatanter D3-Mangel die Gefahr verstärkt, schwer an Corona zu erkranken oder gar daran zu sterben. [5]

Französische Wissenschaftler hatten anhand der Daten von 124 Covid-19-Patienten analysiert, ob es einen Zusammenhang zwischen Übergewicht und dem Krankheitsverlauf gibt. Tatsächlich war der Anteil der Patienten, die mittels Intubation künstlich beatmet werden mussten, auffällig häufig stark übergewichtig. 85 Menschen waren es, die unter Narkose beatmet werden mussten - und 56 Prozent davon hatten einen BMI von über 30, weitere 35 Prozent waren sogar stark fettleibig mit einem BMI von über 35.

„Die Notwendigkeit für eine Beatmung stieg graduell mit dem Body-Mass-Index an, bis sie bei Menschen mit einem BMI von mehr

als 35 einen Anteil von 90 Prozent erreichte", so der Studienleiter Arthur Simonnet: *„Damit demonstrieren unsere Daten einen deutlichen Zusammenhang von Adipositas und der Schwere von Covid-19"*. [6]

Man kann aus diesem Artikel schlussfolgern, dass Fettleibigkeit - also ein Body-Mass-Index von über 30 - das Risiko schwerer Coronavirus-Infektionen erhöht und die Chance zu überleben verringert. Auch die Apothekenumschau berichtete über das Thema Übergewicht und Corona.

Dr. Püschel, der Gerichtsmediziner aus Hamburg, stellte zudem fest, dass die große Mehrzahl der Coronatoten deutlich übergewichtig war. Dies macht Sinn, da sehr viele Menschen nicht am Virus selber sterben, sondern an Blutgerinseln wie Thrombosen oder einem Schlaganfall. Das Risiko für Blutgerinnungsstörungen steigt natürlich bei starkem Übergewicht an, da sehr viele übergewichtige Menschen auch einen zu hohen Blutdruck und zu hohe Blutfettwerte haben. Zudem ist Bauchfett hormonaktiv und führt zu Entzündungen. Speziell Diabetiker merken ihre Erkrankung ja auch daran, dass sie sehr häufig Infektionen haben.

Doch zurück zum Erfreulicheren, unseren Sirtuinen, die helfen, das Gewicht und den BMI im Zaum zu halten.

Sirtuine sind sozusagen der „Mastermind" unseres Stoffwechsels. Sie helfen bei der Fettverbrennung und erhalten die Muskelmasse, was ja bei extrem kalorienarmen Diäten oftmals nicht der Fall ist. Bei der *Sirtfood Pilot Studie* in London reduzierten die 40 Probanden innerhalb einer Woche ihr Gewicht um ca. 3 Kilo und verloren, obwohl sie an den ersten drei Tagen mit 1000 Kalorien ein mildes Fasten machten, keine Muskelmasse. Im Gegenteil, denn sie bauten sogar welche auf (bis zu fast einem Kilo), was wirklich erstaunlich war, weil normalerweise bei sehr kalorienarmen Diäten der Erfolg auch stark auf Kosten der Muskelmasse geht. Wie gesagt, die Probanden bauten trotz des milden Fastens Muskelmasse auf, selbst wenn sie in dieser Woche nicht zum Sporteln gekommen waren. Ein Erfolg, den man den Sirtuinen zuschreiben kann, ebenso wie die Tatsache, dass sich metabolische Werte wie der Blutzucker und die Blutfettwerte besserten.

Fazit: Sirtuine kurbeln die Fettverbrennung an, fördern das Wachstum der Muskeln, erhalten und regenerieren sie. Grund dafür: *Sirt 1* ist ein äußerst wirksamer Hemmstoff des Muskelabbaus. Daraus erklärt sich auch, dass wir beim Intervallfasten keine Muskulatur verlieren, sondern sogar welche aufbauen und ordentlich Fett verbrennen, wenn wir das Intervallfasten mit Sirtfoods kombinieren, denn Sirtfoods gleichen den Nachteil des Fastens, dass Muskelmasse zur Fettverbrennung abgebaut wird, aus.

Also immer Intervallfasten mit Sirtfoods kombinieren, dann werden Fett verbrannt und Muskeln aufgebaut. Fasten alleine baut speziell die Typ II Muskelfasern ab, die wir zum Beispiel beim Sporteln brauchen. Auch super wichtig, wenn wir älter werden, denn dann baut sich Muskelmasse leider oft ab, weswegen ältere Menschen oft Fett ansetzen oder auch stürzen, wenn die Muskulatur schwächelt. Eine stabile Muskulatur kann einen Diabetes verhindern und ist eine gute Sturzprophylaxe. Perfekt fürs „well aging."

Und Sie wissen ja – je mehr Muskeln wir haben, desto mehr Energie verbrennen wir. Deswegen können wir mit der Sirtfood Diät langfristig abnehmen und das abgenommene Gewicht auch halten. Reduziert wird wie gesagt keine Muskelmasse, sondern Körperfett. Dies merken Sie, wenn Sie den Körperfettanteil auf einer Körperfettwaage kontrollieren oder auch ganz profan, wenn Sie Ihre Taille messen. Eine schmalere Taille ist nicht nur optisch gut, sondern auch gesundheitlich essentiell notwendig, denn Bauchfett ist hormonaktiv und sehr schlecht für das Herz und kann auch einen Diabetes auslösen, da es Entzündungen im Körper freisetzt.

Hier einfach den Taillenumfang durch den Hüftumfang teilen. Am besten vor dem Start der Sirtfood Diät als Ausgangswert, denn an dem Taillenumfang kann man sehr gut Fortschritte für sich sichtbar machen, oftmals mehr als nur mit der Waage. Die Werte (den Taillen - und Hüftumfang und den Quotienten) schriftlich festhalten und nach 2 Wochen wieder messen, dann im Abstand von ca. 2 Wochen immer wieder. Sie werden begeistert sein, wie Ihr Körper sich verändert. Viel aussagekräftiger als der BMI, denn dieser berechnet nur das Körpergewicht mit ein, lässt aber außen vor, wie muskulös Ihr Körper ist. Durch viel Krafttraining wird man zum Beispiel oft erst mal schwerer und ist dann frustriert und hört vielleicht auf, obwohl man auf einem guten Weg wäre. Und diesen Weg weist uns der Taillenumfang und der Taillenhüftquotient.

Das *Taille-Hüft-Verhältnis* (Quotient), im Englischen „*Waist-to-Hip-Ratio*" (WHR) genannt, berechnet nämlich, inwiefern Ihr Körperfett gesund über Ihren Körperbau verteilt ist.
Ein gesunder TH-Quotient ist bei Frauen gleich oder kleiner als 0,8. Bei Männern geht man von einem gesunden TH-Quotienten von 0,9 und kleiner aus.

Für die Skeptiker: Es gibt Studien an Mäusen zum Thema Sirtuine. Mäuse, die viel Sirt – 1 haben und rank und schlank sind und Mäuse, die wenig davon haben und dementsprechend dick sind und an Diabetes kranken [3].

Das gilt natürlich auch für uns Menschen. Viel Bauchfett – wenig Sirtuine. Und umgekehrt, viele Sirtuine - wenig Bauchfett.

Sirtuine (vor allem Sirt 1) wirkt der Fettproduktion und Fetteinlagerung entgegen. Gemeinsam mit PGC, einem Enzym, das auf Zellebene wirkt, fördert Sirt 1 die Bildung von Mitochondrien. Gute Mitochondrien, die ordentlich Fett verbrennen, statt es einzulagern. Übrigens ist Fett nicht gleich Fett und damit *ultraböse*. Wir müssen zwischen weißem und braunem Fettgewebe unterscheiden. Weißes Fettgewebe ist ziemlich „böse", da es sich einlagert und rasch vermehrt, das schon erwähnte unschöne und gefährliche Bauchfett, welches hormonaktiv ist, Entzündungen freisetzt und Diabetes oder auch einen Herzinfarkt auslösen kann. Viel „gesünder" ist das sogenannte braune Fettgewebe, unser „Wärmespeicher", der auch bei der Fettverbrennung mithilft. Eine sirtuinreiche Ernährung reduziert das böse „weiße" Fettgewebe und baut es in das gesündere „braune" Fettgewebe um, welches sich nicht wie das weiße ungünstig und hormonaktiv am Bauch befindet, sondern viel ungefährlicher am Hals, Nacken und der Wirbelsäule.

Ich kann nur von mir selbst sprechen, wenn ich früher eine Diät gemacht hatte, zum Beispiel als junge Frau die Brigitte Diät mit ihren 1.000 Kalorien, hatte ich dauernd Hunger, da sich 1.000 Kalorien weit unter meinem Grundumsatz (als sportlich aktive Frau ca. 1.800 Kalorien) befinden, das gleiche Problem hatte ich vor einigen Jahren mit Weight Watchers.

Seit ich mich hauptsächlich von pflanzlichen Sirtfoods ernähre, komme ich mit zwei Mahlzeiten am Tag aus und habe keine Gelüste, dauernd zum Kühlschrank tigern zu müssen, keinen Heißhunger. Ich war auch gar nicht erstaunt, dass dies den Damen und Herren aus dem Londoner Pilot Projekt ähnlich ging, wie Aidan Goggins und Glen Mattan in ihrem Buch „Die Sirtuin Diät" berichteten. Selbst bei den „gefürchteten" drei 1.000 Kalorien-Tagen nicht.

Doch warum ist das so?

Ganz einfach, eine Kalorie ist nicht eine Kalorie, es macht einen immensen Unterschied ob ich 1.000 Kalorien in Form von Weizen, Zucker und toter Fertignahrung zu mir nehme, oder dieselben 1.000 Kalorien in Form von sirtuinreicher pflanzlicher Frischkost. Sirtuine wirken auf den Hypothalamus, der normalerweise beim Fasten irgendwann schwächelt und nach Essen schreit, nicht aber, wenn man das „Teilfasten“ mit sirtuinreicher Nahrung kombiniert. Diese Erkenntnis geht auf Tsutomu Sasaki zurück und seine Studien zum Thema Sirt 1 und Hypothalamus. Googlen lohnt sich, seine Arbeiten bei Nature com. oder pubmed lesen sich sehr interessant.

Absolut cool ist, Sie brauchen keine teuren Pillen zu kaufen, eine gesunde pflanzliche Frischkost aus ökologischem Anbau ist die beste (und preiswerteste) Quelle Ihrer Sirtuine und die Bioverfügbarkeit ist super gut.
Es ist ja auch kein Wunder, warum auf manchen Inseln im Mittelmeer die Menschen nicht nur sehr alt werden, sondern auch selten mit Herzinfarkten oder Schlaganfällen zu tun haben – frisches Obst und Gemüse, Olivenöl, Rotwein, frische Kräuter und Gewürze, wenig Fleisch oder Fisch (wenn dann oftmals selbst geschlachtet oder gefangen). Auch die Paleo Diät schlägt in diese Kerbe, denn ganz ehrlich, auch in der Steinzeit gab es nicht jeden Tag Fleisch oder Fisch, sondern viele Früchte, Wurzeln oder Blattgemüse. Gutes Fleisch oder Fisch sollten auch heute noch etwas Besonderes sein, aus artgerechter Haltung und biologischer Herkunft.

Sie müssen sich außer in den ersten 3 Tagen (Phase 1 = mildes Fasten mit 1000 Kalorien) auch nicht kasteien. Die Ernährungsweise mit gesunden Sirtfoods ist, wenn man sie einmal lieben gelernt hat, eine Ernährungsform, die man gut sein Leben lang beibehalten kann – ähnlich der Low Carb Diät, der ketogenen Ernährung oder der Paleo Lebensweise. Niemand muss hungern und Sie brauchen auch nicht wie besessen Sport zu machen, obwohl Sport natürlich immer gut ist.

Ich persönlich kombiniere die Sirtfood Diät gerne mit dem Intervallfasten. Früher praktizierte ich 5 zu 2 nach Michael Mosley (*the fast diet – an 2 nicht aufeinanderfolgenden Tagen wird gefastet mit 500 Kalorien für Frauen und 600 für Männer*). Seit ca. 2 Jahren bin ich zu Dr. Eckhard von Hirschhausens 16:8 Intervallfasten

übergegangen und esse in den 8 Stunden Essenszeit viele pflanzliche Sirtuine. Für mich der Mega Booster, da die Nahrungspausen ja auch Sirtuine freisetzen.
Dr. Petra Bracht, die Frau des „Faszien-Gurus“ Roland Liebscher, empfiehlt ja, wie bereits erwähnt, auch das Intervallfasten in der Kombination mit pflanzlichem Sirtfood.

Dr. Petra Bracht empfahl das Intervallfasten in der Form von 16:8 in einem Interview vom 13. 03. 2020 mit den Stuttgarter Nachrichten auch als *„ein jetzt absolut zu empfehlendes Muss“*. Ihrer Einschätzung nach kann das Immunsystem des Menschen auf keine andere Art so effektiv gestärkt werden [4].

Sirtuine – weit mehr als „nur“ der Abnehmbooster

Dass Sirtuine den Stoffwechsel ankurbeln, die Fettverbrennung fördern, Muskeln aufbauen und uns beim Abnehmen helfen, wissen Sie längst. Darüber hinaus haben Sirtuine aber auch viele gesundheitliche Benefits, die sehr interessant sind, selbst, wenn wir gar nicht abnehmen wollen oder müssen.

Zellschäden reparieren und Entzündungen lindern

Sirtuine reparieren ähnlich wie das Intervallfasten Zellschäden und lindern Entzündungen im Körper, zudem werden Reparaturprozesse eingeleitet. Sirtfood wirkt also direkt auf der Zellebene, was auch die Tumorprophylaxe und -behandlung erklärt. Mit Sirtfood können wir nämlich die körpereigenen Sirtuine in unseren Mitochondrien aktivieren.

Ich persönlich finde die Sirtuine auch deswegen sehr „sympathisch“, da man alleine mit den Sirtuinen sehr viel erreichen kann und Menschen nicht extrem hart trainieren oder fasten müssen.

Warum zu viel Sport krank macht und übersäuert

Natürlich ist Sport super, ich habe aber einige Patienten (*ich arbeite als Massagetherapeutin*), die durch zu hartes Training krank geworden sind, da zu viel Sport den Körper übersäuert und das Immunsystem schwächt. Einer meiner Patienten erzählte mir einst, dass er nach jedem harten Training oder Wettkampf erkältet war. In Zeiten von Corona können wir uns kein schwaches Immunsystem leisten und froh sein, dass das Sirtfood auch ohne oder mit sanftem Sport wirkt.

Man kann sagen: Sirtfood hat die gleichen Effekte wie Fasten und Sport, ohne dabei den Körper zu überreizen. Gerade in Zeiten des Shutdowns, der ja im März und April mit unserer christlichen Fastenzeit einherging, gab es zum Beispiel Stimmen, die von einer klassischen Fastenkur abrieten, da ein starkes Fasten ein starker Reiz für den Körper ist und manche Menschen bei Fastenkuren mit einer Schwächung des Immunsystems und mit Erkältungen reagieren. Wahrscheinlich auch, weil es im Frühling oft vom Wetter noch unbeständig ist. Mich persönlich hat es vor vielen Jahren mal beim Buchinger Fasten übel erwischt.

Diabetes und Bluthochdruck - Stoppen Sie diese „leisen Killer“

Zum anderen gibt es sehr viele Menschen mit Diabetes und hohem Blutdruck (*leiser Killer*), denen man dieses Problem von außen gar nicht ansieht, da sie sogenannte *Tofis* sind (außen dünn, innen verfettet), weil sie zu wenig Muskelmasse und zu viel Bauchfett haben. Es gab erst vor wenigen Tagen eine Sendung mit Dr. Anne Fleck, in der sie erklärte, dass diese Menschen oft nicht auf dem Radar von Ärzten sind, da man ihnen ihre Gefahr von außen nicht ansieht. Wohl aber von innen, denn ein Nüchternblutzucker, der an der oberen Grenze liegt, weist auf die drohende Gefahr hin. Ich habe zum Beispiel bei mir in der Praxis auch immer wieder Patienten, die in der Anamnese einen Diabetes mellitus Typ

2 angeben und relativ schlank sind oder von Bluthochdruck und hohen Cholesterinwerten berichten. Auch bei mir selber wurden beim Checkup 35 mit ca. 35 Jahren vor etwa 10 Jahren ein hoher Blutdruck und hohe Cholesterinwerte, eine Fettleber und hohe Zuckerwerte festgestellt. Der Arzt, der mich untersuchte, sagte mir auf den Kopf zu, deutlich übergewichtig zu sein. Dabei kam ich mir mit ca 65 Kilo bei 1,57 jetzt nicht unbedingt sehr dick vor. Für mich war es ein Weckruf, meine Ernährungsgewohnheiten zu überdenken.

Sie erinnern sich an das Thema Kalorien?
1.000 Kalorien in Form von Weizen, Zucker und Fertigzeug machen uns dick und krank.
1.000 Kalorien frische Pflanzenkost (*Sirtfood*) hingegen halten uns gesund und schlank.

Gerade bei Diabetes Typ 2, dem sogenannten Altersdiabetes, gibt es eine hohe Dunkelziffer, da sich schlanke Menschen wie schon erwähnt, nicht auf Zucker testen lassen und auch die Ärzte bei schlanken Menschen oft von einem solchen Test absehen. Und hoher Blutdruck macht leider oft viel weniger Symptome als Niederdruck, deswegen auch der Begriff „lautloser Killer".

Basenreiches Sirtfood gegen Krebs und Corona

Wie schon im Eingangskapitel erwähnt, hilft das sehr basenreiche Sirtfood auch gegen Krebs und kann zur Tumorsuppression beitragen. An der Berliner Charite werden Krebspatienten sehr erfolgreich mit basenreicher Pflanzenkost, sprich Sirtfoods, behandelt. Die Ergebnisse der Studie zu diesem Thema sind in der Fachzeitschrift Nature publiziert.

Sehr interessant ist auch, dass basenreiche Nahrung aus Sirtfoods auch gegen den Corona-Virus helfen kann. Ein ausgewogener Säure-Basen-Haushalt kann vor dem Coronavirus schützen. Eine hohe Säurebelastung durch ungesunde Ernährung, also viel

Weizen, Zucker, Fett und Fertigware, macht den Körper anfällig gegen das Coronavirus. Ein basischer pH-Wert von über 7 dagegen verbessert die Immunlage, verringert das Infektionsrisiko und sogar die Virenvermehrung im Körper. Das ergibt sich aus einer Analyse des „Instituts für Prävention und Ernährung" (IPEV) in München.

Es ist speziell bei Corona sehr wichtig, eine Azidose zu vermeiden, da ein übersäuertes Milieu das Immunsystem schwächt und Infektionen begünstigt, was viele Alternativmediziner aber auch aktuelle Studien wie bei der IPEV nahelegen.
Umgekehrt kann pflanzenbetonte Basenkost eventuell beitragen, Infektionen abzuwehren und die Virenvermehrung hemmen. [7]
Auf der Internetseite *saeure-basen-forum.de* finden Sie weitere Interviews mit Professor Vormann zum Thema Basen und Corona.

Übersäuerung strapaziert das Immunsystem

Fazit: Die Übersäuerung strapaziert das Immunsystem. Sowohl Jürgen Vormann als auch die Universität Stuttgart Hohenheim, die im Mai 2020 eine Studie zum Thema *Ernährung und Covid 19* veröffentlicht hat, raten zu einer basenbetonten, pflanzlichen sirtfood-reichen Nahrung, da Menschen, die fehlernährt sind, eine schlechtere Prognose haben als wir „Sirtfooder".

Spannend fand ich, dass im Lockdown bei uns in München neben Klopapier vor allem Weißmehl, Fertigpizza und Weizennudeln gehamstert wurden. Ich kann mich noch gut erinnern, dass die einzigen Nudeln, die bei unserem Edeka noch im Regal waren, Linsennudeln waren, die ja eigentlich um so viel gesünder sind.

Die Geheimwaffe der Anti-Aging-Medizin

Zu guter Letzt sind Sirtuine auch eine „Geheimwaffe“ der Anti-Aging-Medizin. Sie reparieren die Zellen, regulieren die Zellteilung und verlängern die Telomere, die Endabschnitte unserer Chromosomen. Ganz wichtig, denn verlängerte Telomere halten uns jung und verkürzte Telomere (*sie verkürzen sich bei jeder Zellteilung*) bewirken, dass wir schnell altern.

Die gute Frage: Wo sind Sirtuine enthalten?

Die allermeisten der sogenannten „Superfoods“ kann man als „Sirtfoods“ bezeichnen.

- ***Äpfel*** – Sie kennen ja den Spruch „*one apple a day keeps the doctor away*“. Das Pektin aus den Apfelschalen soll sogar das Cholesterin senken.

- ***Brokkoli*** – Alles grüne Gemüse hat viele Polyphenole und Sirtuine.

- ***Nüsse*** - Vor allem Walnüsse – ein super Herzschutz und gut gegen zu hohe Cholesterine - herzgesundes Fett (Omega 3) - senkt das LDL (*das böse Cholesterin*) – Walnüsse sollen speziell Frauenherzen gesund halten –Mandeln sind eine super Basenquelle.

- ***Samen*** wie Leinsamen oder Chiasamen, Quinoa und Amaranth – Schätze oder auch das *Gold der Inkas* - Amaranth soll sogar gegen Depressionen helfen und antriebssteigernd wirken – allesamt wie auch der europäische Leinsamen glutenfrei und low carb, gut für die Blutfettwerte und die Verdauung – ich nutze vor allem Chiasamen in meinen Frühstücksrezepten sehr gerne.

- ***Radicchio, Kohlgemüse, grünes Blattgemüse*** – Grünkohl ist unser heimisches Powerfood und Rucola, sein italienischer „Bruder", ist so lecker im Salat oder Smoothie und viel mehr als nur *on the top* einer Pizza.

- ***Sellerie*** – Ich liebe Stangensellerie als Fingerfood mit einem leckeren Dipp (gibt es bei uns bei Sommerfeiern) und auch im Smoothie – super viel herzgesundes Kalium.

- ***Grüner Tee*** – sehr basenreich und viele Polyphenole – vor allem Matcha Tee ist sehr empfehlenswert – die Wunderwaffe der Japaner, dort gibt es viel weniger Herzinfarkte und auch Krebsfälle als bei uns (vor allem Lunge und Brustkrebs). Grüner Tee soll bei der Fettverbrennung helfen und ist gemeinsam mit grünen Smoothies und grünem Gemüse super basenreich. Es muss ja einen Grund haben, warum in Japan sehr viele Menschen sehr alt werden (vor allem auf Okinawa).

- ***Kaffee*** – am besten schwarz trinken.

- ***Rotwein*** – Sie erinnern sich: Trauben und Resveratrol? – Die Mittelmeerdiät mit Rotwein, Walnüssen, Olivenöl, Gemüse, Beeren und Fisch gilt als sehr herzgesund und ist reich an Sirtuinen.

- ***Schokolade*** ab 85 Prozent Kakaoanteil - rohe Kakaonips – enthält viele sirtuinaktivierende Flavonoide.

- ***Trauben***

- ***Chilischoten***

- ***Sojaprodukte*** (deswegen werden die Japaner so alt)

- ***Tomaten***

- ***Knoblauch, Zwiebeln*** – eine absolute Wunderwaffe gegen Bakterien und Viren – auch von Dr. Anne Fleck von den Ernährungsdocs auf Facebook empfohlen aktuell gegen Corona.

- ***Kurkuma*** - auch bekannt als das „Gold Indiens“. Sie kennen sicher die „goldene Milch“ (Pflanzenmilch mit etwas Kurkuma aufkochen) – der Hauptinhaltsstoff Curcumin aktiviert die Sirtuine. Kurkuma gilt als wundheilungsfördernd, entzündungshemmend, krebsfeindlich und soll auch gegen Viren und Bakterien wirken. Super auch bei hohen Cholesterinen und hohem Blutzucker und Arthrosebeschwerden, da es entzündungshemmend wirkt. Ihr Körper kann Kurkuma besser aufnehmen, wenn Sie das Gewürz in etwas Kokosfett oder Ghee mit schwarzem Pfeffer braten und dann auf Ihr Gemüsecurry geben. Sehr lecker. Ich mag es gerne zu Kitchari, dem traditionellen indischen Heilessen. [8]

- ***Beerenobst*** – super viele Polyphenole und Antioxidantien, dazu für Obst sehr wenig Zucker, Erdbeeren haben viel Fisetin, was ein Sirtuin-Aktivator ist, aber auch Brombeeren, Heidelbeeren und Himbeeren sind gute Sirtuinbomben – sehr lecker sind Wildfrüchte, hier kann aber die Gefahr des Fuchsbandwurms drohen.

- ***Datteln*** – natürliche Süße – gut für die Verdauung – viele wertvolle Inhaltsstoffe – gesunde low-carb-Süße.

- ***Buchweizen*** – glutenfrei und sehr gesund als leckere Pancakes oder auch als Ersatz für Weizen bei Nudeln und auch Vollkornmehl besitzt viel mehr Sirtuine als weißes Weizenmehl, deswegen dürfen Sirtfooder, die nicht auf Low

Carb sind, auch gerne bei Vollkorngetreide zugreifen (Dinkel oder Roggen). Wer glutenfrei essen muss bei Buchweizenmehl. Sie kennen ja bestimmt die leckeren Galettes aus Frankreich oder die Blinis aus Polen aus Buchweizen. Ich persönlich mag gerne den Buchweizen-Frühstücksbrei aus dem Bioladen.

Olivenöl – Am besten aus biologischem Anbau extra vergine.

Eine große Zahl der Inhaltsstoffe dieser Lebensmittel regen die Sirtuin-Aktivität an. Dadurch erklären sich auch die vielen gesundheitsfördernden Wirkungsweisen dieser Superfoods, die auch reich an gesunden Pflanzenstoffen wie Polyphenole sind.

Biologisches Essen und die Hormesis-Theorie

Kommen wir noch einmal zum Thema biologisches Essen und zur Hormesis-Theorie zurück.
Ist unser Magen leer, beginnt unser Organismus mit der Aktivierung der Sirtuine. Sie erinnern sich?

Die sinnvollste Form der Ernährung ist genau aus diesem Grund das Intervallfasten (*intermittierendes Fasten, IF*), denn diese Fastenform kann uns ein langes Leben mit Gesundheit und Wohlbefinden bescheren. Auch bei bestimmten Lebensmitteln (Sirtuin-Food) werden Sirtuine aktiviert. Grund hierfür sind moderate Gifte in bestimmten Nahrungsmitteln, die unser Immunsystem aktivieren und Reparaturprozesse ankurbeln können. Diese durch sekundäre Pflanzenstoffe ausgelösten Reize wirken als ultimativer Anstoß für wirkungsvolle Heilprozesse in unserem Körper, in der Naturmedizin spricht man auch vom sogenannten *Hormesis-Prinzip*. Denn genau wie diese moderaten Gifte die Pflanzen vor Fressfeinden schützen, schützen sie uns Menschen durch die Reaktion, die sie in unserem Körper auslösen. Wichtig zu wissen ist jedoch, dass nur Pflanzen aus kontrolliert biologischem Anbau diese wichtigen gesundheitsfördernden Pflanzenstoffe enthalten. Pestizide aus der industriellen Landwirtschaft schützen die Pflanzen derart, dass selbige keine eigenen Pflanzenschutzstoffe mehr bilden müssen. Wer das „Hormesis-Prinzip“ verstanden hat, weiß ganz genau, weshalb biologische Qualität so wichtig ist.

Fazit: Wild wachsende Pflanzen und biologisch angebautes Gemüse und Obst müssen zum Überleben eine große Anpassungsleistung bringen. Sie haben also viel mehr Polyphenole und Sirtuine als ihre Kollegen aus konventioneller Landwirtschaft. Sollten Sie selbst sammeln, bevorzugen Sie Wildkräuter und Wildfrüchte. Ich kaufe immer wilde Heidelbeeren aus kanadischen Wäldern, die es tiefgekühlt gibt.

Beim Selbstsammeln bieten sich Kräuterbestimmungsbücher an oder auch Kräuterwanderungen, wo man die Kräuter, Pflanzen und Früchte nicht nur kennenlernt, sondern selber auch zubereitet. Wird oft über die VHS oder die Reformhäuser angeboten, gute Bücher befinden sich im Anhang. Für erste Bestimmungshinweise kann auch die App von Google „Lens“ hilfreich sein. Mein Kräuterlehrer pimpte mit frischen Wildkräutern immer das Essen seiner Frau, die in einer Pflegeeinrichtung wohnte, auf. Frische, wild gewachsene Kräuter und wilde Früchte (Achtung Vorsicht: Fuchsbandwurm) haben sehr viele Sirtuine, da sie sich völlig ohne die Hilfe von Dünger und Pestiziden gegen Fressfeinde wehren und durchschlagen müssen, deswegen also viele Pflanzenstoffe ausbilden. Waschen Sie Wildkräuter vor dem Verzehr mit Kaisernatron.

Am besten kombinieren Sie selbige mit gutem Eiweiß aus hochwertigem Fisch, Fleisch oder für vegetarischem Tofu.
Das in den Proteinen enthaltene Leucin ergänzt und verstärkt die Wirkung der Sirtuine. Leucin wirkt auf der Zellebene und sorgt dafür, dass wir die Sirtuine aus dem Essen besser aufnehmen können. Dies erklärt meiner Meinung nach, warum Low Carb, Keto oder Paleo so gut funktionieren (Sirtfood in der Kombination

mit leucinreichen Proteinen). Hier bieten sich Fisch und Meeresfrüchte, Fleisch, aber auch Tofu, Eier oder Milchprodukte an. Immer in Maßen und auf gute Qualität achten.

Bei Fleisch ist artgerechte Aufzucht wichtig, die Tiere müssen Auslauf haben. Am besten sind Tiere aus Weidehaltung, denn das, was die Kuh frisst, gelangt ins Fleisch, (in dem Fall das Gras auf der Alm und die sirtuinreichen Kräuter). Wer zu Dickdarm - oder Prostata-Krebs neigt oder daran erkrankt ist, sollte auf rotes Fleisch verzichten und lieber Geflügel essen. Schlecht ist immer verarbeitetes Fleisch wie Wurst mit ihren Zusatzstoffen oder Transfetten. Bei Fisch ist „Wildfang" immer am besten. Wir beziehen unsere Forellen von einer Biofischzucht, wo die Tiere artgerecht gehalten werden.

Eier hatten immer ein schlechtes Image, von wegen böse Cholesterine. Heute weiß man, dass das eher eine üble „Nachrede" seitens der „Zuckerlobby" und auch der Pharmaindustrie war. Ich fliege oft nach Kambodscha, dort stehen Eier täglich auf dem Speiseplan und werden von den Ärzten sogar speziell für Schwangere empfohlen. Besser und sinnvoller als der viele weiße Reis und Zucker. Mittlerweile weiß man, dass Eier unschuldig an Herzinfarkten und Schlaganfall sind, im Gegensatz zu Weizen und Zucker.

Nachzulesen unter anderem in der „*Weizenwampe*" von Dr. William Davies und bei Dr. Anne Flecks bahnbrechendem Buch „*Ran an das Fett – Heilen mit dem Gesundmacher Fett*".

Gute Fette nutzen

Eben jene Anne Fleck schwört auf gute Fette und hier besonders auf die Omega-3-Fettsäuren, die genau wie die Proteine die Sirtuine gut ergänzen und unterstützen. Hier denken wir an die langkettigen Omega-3-Fettsäuren EPA und DHA. Omega 3 hat antientzündliche Inhaltsstoffe und senkt die Blutfettwerte. Super für die Herzgesundheit und soll auch das Blut davor bewahren, sich zu

verklumpen. Ganz wichtig bei Corona, denn diese Erkrankung soll ja nicht nur die Lunge befallen, sondern auch Thrombosen, Lungenembolien und Schlaganfälle auslösen.
Mittlerweile empfehlen auch Schulmediziner Omega-3-Fett-Säuren, um Herzinfarkten, Schlaganfällen und Demenzen vorzubeugen. Sie kennen sicherlich die Fischölkapseln oder das Krillöl aus Kleinkrebsen, den „Superstar" unter den Omega-3-Fettsäuren. Wer keine Nahrungsergänzungsmittel nehmen möchte, der greift bei fettem Fisch zu, kein anderes Lebensmittel versorgt uns so gut mit EPA und DHA. 2 mal pro Woche fetter Fisch reichen aus.

Keine Angst, auch Vegetarier bekommen gutes Omega 3 durch Walnüsse, Leinsamen oder Leinöl, Weizenkeimöl und Saaten, jedoch hier in der Form von Alpha Linolensäure, die wir noch in DHA und EPA umwandeln müssen, was logischerweise aufwändig und auch manchmal unzureichend ist. Für Vegetarier oder Veganer bietet sich ein mit DHA angereichertes Algenpräparat an. Ein kleiner Geheimtipp meinerseits: Die deutsche Ölmühle Bruno Zimmer bietet Bioleinöl mit extra Omega 3 (EPA und DHA) an.

Ran an das „Gute aus dem Meer"

Und noch was: Ran an das „Gute aus dem Meer". Essen Sie Hering, Sardinen, Lachs, Makrele oder Forellen, kombiniert mit lecker Sirtfood aus Gemüse und Salat und frischen Kräutern.

Wichtig: Eventuell kommen während einer Sirtfood Diät Vitamin D und Selen zu kurz, diese dann bitte nach Absprache mit dem Arzt als Nahrungsergänzungsmittel zuführen.
Selen ist wichtig für ein starkes Immunsystem und bekämpft Entzündungen, unterstützt die Schilddrüse und macht Frauen fruchtbarer, was logisch ist, denn eine schwache Schilddrüse ist oft eine der Ursachen für eine ungewollte Kinderlosigkeit. Sehr wichtig ist Selen auch als Krebsprophylaxe. Deutsche Ackerböden

sind relativ arm an Selen, deswegen tut hier bei einem Mangel eine Supplementierung gut (Frauen 50 Mikrogramm am Tag, Männer 100). Bitte immer den Selengehalt im Blut bestimmen lassen, denn eine Überdosierung kann gewaltige Nebenwirkungen haben. Paranüsse haben sehr viel Selen, leider aber auch viel toxisches Barium und Radium, ein radioaktives Metall. Wenn, nur 3 Paranüsse am Tag essen und ein Selenpräparat nur nach Absprache und Bluttest beim Arzt, da zu viel Selen wie gesagt auch toxisch und gefährlich wirken kann.

Warum ein ausgeglichener Vitamin-D-Spiegel so wichtig ist

Das gleiche gilt auch für Vitamin D. Unbedingt den Spiegel bestimmen lassen und nicht einfach so auffüllen. Vitamin D ist super wichtig für stabile Knochen als Osteoporose-Prophylaxe, soll aber auch unser Herz schützen, vor Krebs bewahren, als Diabetes-Prophylaxe dienen und vor Autoimmunerkrankungen schützen.

Aktuell wurde beobachtet, dass Menschen mit einem niedrigen Vitamin-D-Spiegel oft schwer an Corona erkranken. [5]
Vitamin D ist bei vielen Menschen auf der Welt „Mangelware" – und das kann im Falle einer COVID-19-Erkrankung als Indikator für ein erhöhtes Risiko für einen schweren Verlauf gelten.
Das hat Prof. Dr. Hans-Konrad Biesalski, Ernährungsmediziner an der Universität Hohenheim, in einer zusammenfassenden Veröffentlichung beschrieben. *„Bisher galten vor allem Grunderkrankungen wie Bluthochdruck, Diabetes, Herzerkrankungen und starkes Übergewicht als Risikofaktoren*", erklärt Prof. Dr. Biesalski. *„Doch gerade diese Erkrankungen sind oft mit einem Vitamin-D-Mangel verbunden. Das hat Konsequenzen für den Verlauf der COVID-19-Erkrankung.*"

Und das gelte besonders für Menschen über 65 Jahre oder Personen, die selten im Freien sind. *„Die wichtigste Vitamin-D-Quelle ist die Bildung in der Haut durch das Sonnenlicht und im Alter funktioniert das nur noch eingeschränkt.*"[9]

Ein guter Vitamin-D-Lieferant ist zum Beispiel fetter Seefisch, allerdings sind diese in Deutschland im Gegensatz zu anderen Ländern nicht mit Vitamin D angereichert. Wichtig vor allem, wenn im Winter eventuell ein neuer Shutdown droht oder man nicht in den trüben Monaten in tropischen Gefilden Sonne tanken kann.

Wichtig: Spiegel beim Arzt checken lassen, ggf. auffüllen und möglichst viel ins Freie gehen. Sonnenbaden füllt Vitamin D auf, da unser Körper unter dem Einfluss des Sonnenlichtes Vitamin D bildet. Besonders wichtig im Winter, oder wenn man im Zuge eines Lockdowns die Wohnung nicht verlassen darf. Bei nachgewiesenem Mangel beträgt die tägliche Dosis 1000 IE in Kombination mit Vitamin K zum Beispiel von der Firma Luondu, die ich verwende.

Vegetarische oder vegane Sirtfooder brauchen zusätzlich zum schon erwähnten Omega-3 auch ein Vitamin B12-Supplement. B12 ist sehr wichtig für das Herz, gerade wenn jemand zu hohen Homocysteinwerten neigt und Herzinfarkt-gefährdet ist und auch als Prophylaxe bei neurologischen Erkrankungen. Leider ist B12 außer in milchsauer vergorenem Sauerkraut und frischer Hefe nur in tierischen Produkten enthalten. Eventuell muss supplementiert werden.

Kalzium kann bei veganer Ernährung zum Problem werden. Wichtig ist: Viel Grünes essen wie Grünkohl, Broccoli oder Pak Choi, Mandel oder Sojamilch trinken, der Kalzium zugesetzt wird. Auch Nüsse sind eine gute Kalziumquelle. Eventuell supplementieren. Das gleiche gilt auch bei Jod. Wer keinen Seefisch isst und keine Milch trinkt, kann über ein Supplement nachdenken, speziell bei Kinderwunsch. Gute Jodquellen sind jodiertes Speisesalz und Meeresalgen. Diese sind extrem reich an Jod, können aber damit auch die Schilddrüse überreizen und wie mein ehemaliger Heilpraktikerdozent erzählte, sogar bei empfindlichen Frauen eine Fehlgeburt auslösen.

Intervallasten, mein persönlicher Turbo

Mein persönlicher Abnehmturbo ist das Intervallfasten und zwar schon bevor Dr. Eckhard von Hirschhausen, Dr. Petra Bracht und die Sängerin Adele dies mit ihrem enormen Gewichtsverlust publik machten. In der Kombination mit Sirtfoods unschlagbar, denn die Sirtuine mildern die unerwünschten Begleiterscheinungen des Fastens ab. Man wird schnell satt und erhält die Muskelmasse.

Vor einigen Jahren las ich in der *Stern gesund* einen sehr guten Artikel über das Thema Intervallfasten als eine probate Möglichkeit, Gewicht zu verlieren und es auch lange zu halten, statt dem gefürchteten Jojo- Effekt anheim zu fallen. Ich las sogleich das sehr gute Buch „*5 zu 2, 5 Tage essen, 2 Tage fasten*" des britischen Arztes Dr. Michael Mosley.

Hierbei isst man an 5 Tagen der Woche normal und an 2 Tagen als Frau 500 Kalorien, als Mann 600. Dadurch senkt sich der Blutdruck und auch die Blutzuckerwerte bessern sich durch das „Teilzeitfasten". Mosley berichtet in seinem Buch, wie er abnahm und das neue Gewicht hielt, sich seine Blutdruckwerte, die Cholesterinwerte, die Entzündungswerte und sogar sein Prädiabetes (*Nüchtern- und Langzeitzucker*) sehr besserten, was ich auch bei mir bestätigen konnte und kann. Die 2 Fastentage waren bei mir Montag und Mittwoch, das kann aber jeder frei nach Belieben wählen.

Mittlerweile bin ich bei Hirschhausens 16:8 angelangt, da es sehr praktikabel ist und gerade meine hormonellen Beschwerden (*früher Wechsel und hyperandrogener Stoffwechsel, damit verbunden auch eine erhöhte Gefahr an Diabetes zu erkranken*), sehr positiv auf die Essenspausen reagieren. Früher war ich ständig am Kühlschrank.

Ich frühstücke meistens gegen 10 Uhr und trinke mittags rum meinen Smoothie, das Abendessen gibt es um 18 Uhr. Danach nichts mehr, denn die Pause von 18 Uhr bis um 10 Uhr, also die 16 Stunden darf mein Körper für Reparaturprozesse nutzen. Das englische Wort Breakfast, heißt ja „Fastenbrechen".
Das Intervallasten (sowohl 5:2 oder auch 16:8) hat viele positive Wirkungen auf den Körper.

- Man nimmt ab und hält das neue Gewicht.
- Die Muskelmasse bleibt bestehen.
- Die Hormone regulieren sich durch die Nahrungspausen (*sehr gut bei allen hormonellen Dysbalancen wie einem frühen Wechsel, Hyperandrogenämie, PCO, Kinderwunsch*)
- Metabolische Syndrome wie Bluthochdruck, Cholesterine und Insulinwerte bessern sich (*Nüchternblutzucker und Langzeitzucker, HB1c*).
- Wirkt vorbeugend gegen Diabetes Typ 2 – kann einen Prädiabetes aufhalten und auch einen bestehenden lindern.
- Wird in Kombination mit basischer Ernährung auch in der Krebstherapie eingesetzt.
- Hat einen positiven Effekt auf die Entzündungswerte im Körper – kann Rheuma, MS, Colitis Ulcerosa oder Morbus Crohn lindern.

Nicht geeignet für Schwangere und stillende Mütter und für Typ-1-Diabetiker.

Wichtig: Immer mit Sirtfood kombinieren, dann fallen die negativen Begleiterscheinungen des Fastens wie reduzierter Stoffwechsel und Muskelabbau weg und Sie behalten Ihre Muskelmasse, regenerieren sie und bauen sogar neue Muskeln auf. Sie erinnern sich sicher an diese „tolle" Wirkung unserer Sirtuine.

So funktioniert die Sirtfood Diät

Phase 1 – Der Kickstart in das neue Leben – 3 Tage Hardcore

Okay, diese 3 Tage werden ein wenig anstrengend sein, denn durch das milde Fasten mit 1.000 Kalorien und guten Sirtfoods entgiftet der Körper so richtig. Wie beim normalen Fasten auch, kann man sich in dieser Woche schon mal müde oder schlapp fühlen, allein schon durch den Zuckerentzug.

In dieser Phase am besten 3 Portionen Smoothies über den Tag verteilt trinken und eine Hauptmahlzeit essen. Wichtig ist es, viel Wasser zu trinken und dem Körper auch mal Ruhe zu gönnen. Zusätzlich grüner Tee, der schön basenreich ist, aber auch Kaffee (schwarz!), denn auch die Kaffeebohnen sind pures Sirtfood.

Ihr Wasser können Sie gerne mit Zitronen oder Limettenscheiben oder auch Minze pimpen. Alkohol, Fruchtsäfte oder Softdrinks unbedingt meiden. Bei Matcha Tee auf Bioqualität aus Japan achten, der chinesische ist oft bleiverseucht.

Grüne Smoothies sind sehr sirtuinreich, basenreich und auch reich an gutem Kalium. Sie können eigentlich alles reintun, was grün ist: Grünkohl, Rucola, Spinat, Sellerie, Gurke, Avocado, aber auch grünen Tee und Apfel. Ganz besonders lecker ist es, etwas Zitronensaft dazuzugeben, dieser macht einen frischen Geschmack und hilft dabei, das gute Chlorophyll der Pflanzen besser aufzunehmen.

Ich kombiniere die 3 Smoothies gerne mit dem grünen Ei oder meinem Powerfrühstück und betreibe an den ersten 3 Tagen Dinnercancelling, um die Wachstumshormone anzuregen.

Phase 2 – und ab die Post

Vom Tag 4 bis 7 gibt es mehr zu essen.
Eine Frühstücksidee, einen oder zwei Smoothies und ein Hauptgericht, dass Sie etwa auf 1.500 Kalorien kommen.
Sie werden merken, wie gut sirtuinreiche Pflanzenkost schmeckt. Wer gerne Kohlenhydrate isst (*ich lebe low carb*) und glutenfrei essen möchte, der kann getrost bei Buchweizen zugreifen (*statt glutenhaltigem Mehl*).

Es kann sein, dass Sie auch bei 1.500 Kalorien noch Hunger haben, meistens sind Sie aber entspannter als an den ersten 3 Tagen und Sie haben durch die guten Sirtfoods auch weniger Heißhunger und Gelüste und kommen mit den Mahlzeiten gut zurecht. Immerhin gibt es ja feste Mahlzeiten. Ich kombiniere meistens mein Frühstück mit einem der Smoothies zum Mittag und esse um 18 Uhr dann mein Hauptgericht. Wenn ich in Phase 2 bin, variiere ich gerne. Wenn das Hauptgericht um 18 Uhr leicht ist (*die Kürbissuppe oder der Hirsesalat zum Beispiel*), dann gönne ich mir mittags und nachmittags 2 Smoothies.

Phase 3: Nimm langsam weiter ab und halte deine neue Linie

Jetzt können Sie es etwas gemächlicher angehen und all die Rezepte dieses Buches genießen. Eingependelt auf ca. 1.800 Kalorien (Männer 2.000) – Sportler je nach Training mehr - müsste das entspannt gehen und Sie merken wahrscheinlich ohnehin, dass nach Phase 1 und 2 die Waage netter zu Ihnen ist, die Taille schmaler und der Taille-Hüft-Quotient besser. Wenn Sie in Phase 3 Blutwerte bestimmen lassen, werden wahrscheinlich auch die besser ausfallen (Cholesterin, Triglyceride, Nüchtern- und Langzeitzucker) und auch der Blutdruck wird sich gesenkt haben. Sie werden, was das metabolische aber auch das Corona-Risiko betrifft, eine ganze Ecke besser dastehen. Ich bleibe meisten auch in Phase 3 beim Intervallfasten mit dem Frühstück um 10 Uhr, einem Smoothie um ca. 14 Uhr und dann der Hauptmahlzeit am Abend. Theoretisch wären auch drei Hauptmahlzeiten möglich. Wenn man den Smoothie ganz in der Früh trinkt, dann kann es sein, dass man nicht gleich Hunger hat, dann einfach etwas warten.

Und wichtig: Viel trinken, Wasser, Wasser, Wasser.

Praxisteil Rezepte

Ich habe meine Rezepte folgendermaßen unterteilt:

- Frühstück
- Getränke
- Hauptmahlzeit, also Mittag und Abendessen
- Dessert/Süßes/Snacks

Die meisten Rezepte sind vegetarisch, allerdings bin ich seit langem Paleo-Fan und habe auch einige Rezepte mit Fisch oder Fleisch.

Bei den Smoothies, die ich unter der Rubrik ***Getränke*** eingeordnet habe, gibt es mehrere Varianten. Für die sehr empfehlenswerte „Green Godesss" lohnt sich die Anschaffung eines Entsafters. Mein normaler Mixer tut sich mit der Grünen Göttin schwer, weswegen ich zusätzlich zum Mixer noch einen Entsafter gekauft habe.

Die meisten Rezepte sind für eine Person, wenn ihr zu zweit seid, einfach verdoppeln, bei den Hauptmahlzeiten wird man auch zu zweit gut satt, bei uns auch zu dritt oder viert.

Viel Spaß beim Zubereiten, Kochen, Backen und natürlich Genießen!

Frühstücksideen – Leckerer Start in den Tag

Rezept 1 - Der „Zauberjoghurt“ – mein tägliches Frühstück – inspiriert von Dr. Anne Fleck

Zutaten:

- 250g (*ein halber großer Becher*) Skyr, fettarmer Joghurt oder Alpro Soja Joghurt ohne Zucker
- 2 EL Beeren (*Himbeeren, Blaubeeren oder Erdbeeren – Beeren haben wenig Zucker*), wenn tiefgefroren kurz in etwas heißem Wasser antauen lassen.
- 1 TL Haferkleie – gut gegen hohe Cholesterine – die Beta Glukane wirken wie ein Staubsauger.
- 1 EL Chiasamen
- 1 EL Leinsamen – super bei hohen Cholesterinen und gutes, pflanzliches Omega 3
- Ein paar Nüsse (*Walnüsse, Mandeln und Haselnüsse*) klein hacken.
- Einen Esslöffel Kakoonipps für die Extra Portion Sirtfood.
- 1 kleiner Schuss Leinöl

Alles gut vermengen und sofort essen, da Leinöl schnell ranzig wird, wenn es zu lange mit Tageslicht und Sauerstoff in Berührung kommt.

Benefits: Gutes Eiweiß, wenig Carbs, gute Antioxidantien von den Beeren und top gegen hohe Cholesterine (Haferkleie, Leinsamen und Leinöl), wirkt auch einer Verstopfung entgegen.

Nüsse haben herzgesunde Fette (vor allem Walnüsse und Mandeln) und sind sehr basenreich. Nussallergiker müssen leider auf die Nüsse verzichten.

Rezept 2 - Chia – Pudding – lecker vegan

Zutaten:

- 3 EL Chiasamen
- 200 ml Kokosmilch oder Mandelmilch, schmeckt aber mit Kokosmilch besser
- Ein paar Beeren zum Garnieren

Die Chiasamen mit der Kokosmilch in einen luftdichten Behälter füllen, gut verrühren und über Nacht in den Kühlschrank stellen - daraus wird ein leckerer Pudding, der lange sattmacht.
In der Früh noch frische Beeren einrühren.

Benefits: Chiasamen ist das südamerikanische Pendant zu unserem Leinsamen – hilft sehr gut gegen Verstopfung und kann Cholesterine senken, enthält viele Ballaststoffe und wenig Kohlenhydrate.

Beerenobst hat für Obst wenig Zucker und sehr viele Sirtuine. Im Winter gerne TK Ware – zum Beispiel wilde Blaubeeren aus kanadischen Wäldern vom Edeka. Lecker auch mit einer kleingeschnittenen Aprikose als fruchtige Garnitur.

Rezept 3 – Mandel Müsli mit Apfel

Zutaten:

- 1 EL (*ca. 7 Mandelkerne mit Haut*)
- 1 Apfel
- 2 EL Zitronensaft
- 7 EL Haferflocken kernig
- 1 EL Honig
- 250 ml Hafermilch

Die Mandeln hacken und in einer beschichteten Pfanne ohne Fett rösten, bis sie aromatisch zu duften beginnen.

Den Apfel waschen, vierteln und entkernen. Raspeln und mit dem Zitronensaft vermengen.

Die Flocken gut unterrühren.
Das Müsli mit Milch begießen.
Mit Honig beträufeln und die Mandeln darüber streuen.

Benefits: Hafer und Nüsse haben viel gutes Eiweiß. Durch die kernigen Haferflocken schön crunchy.

**Rezept 4 - Chia – Bananen Pancakes –
was Feines für den Sonntag**

Dieses Rezept habe ich von Nadine „Natze“ Angerer, unserer ehemaligen Torfrau im Fußball, die ebenfalls auf Gluten und Zucker verzichtet und einen tollen Blog hat.

Zutaten:

- 1 möglichst reife Banane – mit der Gabel zerdrücken
- 2 Esslöffel Chiasamen
- 2 Eier
- Etwas Zimt

Die zerdrückte Banane mit den anderen Zutaten vermengen und einen kleinen Schluck kohlensäurehaltiges Mineralwasser beifügen, dann wird der Pancake fluffiger.

Beschichtete Panne mit Kokosfett ausfetten und die Pankaces von beiden Seiten goldbraun backen.

Benefits: Sehr lecker und anders als herkömmliche Pfannkuchen ohne Mehl und Zucker. Hält ohne die bösen Carbs gut satt, statt schon wieder Hunger zu wecken. Eher nicht geeignet in der Woche, Sirtfood Kompakt, aber danach zu besonderen Gelegenheiten ein wunderbares Frühstück.

Rezept 5 - Blinis – der „gesunde“ Buchweizenpfannkuchen

Buchweizen ist ein sehr gesundes „Pseudogetreide“, welches im Gegensatz zu Weizen glutenfrei ist und voller Sirtuine steckt. Ich mache mir gerne meinen Porridge aus Buchweizenflocken und stelle meine Pfannkuchen am Wochenemde statt aus Weizenmehl aus Buchweizen her - der klassische „Blini“, wie er in Polen, Russland oder der Ukraine gegessen wird. Dieses Rezept stammt von zwei ukrainischen Mädels, die vor vielen Jahren drei Wochen im Sommer bei uns Urlaub machten und unbedingt Blinis essen wollten und wir diese dann in der Küche zubereiteten. Gehen sowohl in der Früh als auch als Dessert oder auch als Snack.

Zutaten für ca. 4 Personen:

- 350 ml Milch
- 2 Eier
- 150 g Buchweizen Mehl
- 1/2 EL Erythrit
- Eine Prise Salz
- 3 EL Sonnenblumenöl
- Kokosöl zum Einfetten der Pfanne

Milch, Eier, Zucker und Salz in einer Schüssel verrühren und das Mehl dazugeben, umrühren und den Teig ca. eine halbe Stunde ruhen lasssen. Das Sonnenblumenöl unterrühren.
Die Pfanne einfetten und gut erhitzen.
Die Blinis nacheinander portionsweise bei mittlerer Hitze ausbacken – von jeder Seite ca. 1 Minute, bis sie schön goldbraun sind. Im vorgeheizten Ofen warmhalten, bis alle fertig sind.

Benefits: Buchweizen ist viel gesünder als normaler Weizen. Sirtfooder belegen ihre Blinis mit frischen Beeren und geben ein bisschen Honig darüber.

Rezept 6 - Gemüse Tortilla – herzhaft und „basisch" grün

Ich bin oft auf dem Jakobsweg in Spanien unterwegs und liebe Tortilla (*die normale mit Kartoffel und Ei*). Für dieses Buch habe ich eine Gemüsevariante gewählt mit schön grünem Gemüse, damit wir schön basenbetont und sirtuinreich in den Tag starten können (*obwohl auch Kartoffeln absolut basisch sind*).

Ihr könnt alles nehmen, was sich gerade im Gemüsefach befindet, Kartoffeln (*gerne auch die Reste von den Pellkartoffeln vom Vortag*), grüne Bohnen und Erbsen, im Winter Grünkohl, frischer Spinat oder auch in der Spargelzeit die Reste vom gekochten Spargel, total lecker. Mit grünem Gemüse low carb und basenreich – in der Kombi mit Ei gute Fette und Eiweiß, hält lange satt.

Zutaten für ca. 2-3 Personen:

- 200 g Erbsen
- 200 g Bohnen
- (wenn vom Vortag übrig „Spargelreste")
- 3 Zehen Knoblauch schälen und kleinhacken
- 1 kleine Zwiebel schälen und kleinhacken
- 3 große Eier
- Salz, Pfeffer, Oregano, Rosmarin (*vor allem zu Kartoffeln sehr lecker*), Thymian

Eine große Pfanne mit Kokosfett ausfetten. Zwiebel und Knoblauch anbraten und dann das Gemüse zugeben. Schön kräftig anbraten.

In der Zwischenzeit die Eier aufschlagen und in einer extra Schüssel mit den Gewürzen verquirlen. Zum Gemüse geben und bei kleiner Hitze stocken lassen. Vorsichtig wenden und auf die Teller verteilen. Sehr fein auch mit frischem Rosmarin (*klein hacken*). Schmeckt sehr gut zu einer Scheibe von Andreas gutem Vollkornbrot aus dem „*Zucker iss nicht*" - Buch oder den Brotrezepten aus meinem Buch.

Rezept 7 – „Winter Variante“ – Grünes Ei

Im Winter gibt es das schon erwähnte heimische Superfood Grünkohl, wie alle Kohlsorten sehr reich an Vitamin C und Antioxidantien.

Grünkohl waschen und zerkleinern. Mit Knoblauch und Zwiebeln in der Pfanne anbraten und die verquirlten, gewürzten Eier dazu geben (*die gleichen wie bei der Gemüsetortilla*) - stocken lassen.

Rezept 8 - Congee – asiatisch gesund in den Tag starten

Ich reise oft durch Asien. Weil ich nicht jeden Morgen mit Weizenbaguette und Marmelade in den Tag starten und auch nicht jeden Morgen Eier essen will, sondern gerne auch traditionell einheimisch, starte ich in Asien gerne mit einer Suppe in den Tag.

In Asien ist Congee, die Frühstücks-Reissuppe, seit Jahrhunderten ein beliebtes Gericht für den Morgen und eine gesunde Heilnahrung, wenn man sich mal den Magen verdorben hat. Es ist einfach zuzubereiten und hält den ganzen Vormittag über satt. Außerdem kann man es auch pikant zubereiten, perfekt also, wenn man morgens nicht so gerne süß isst.

Zutaten:

- 2 Tassen Vollkornreis
- Ein daumengroßes Zentimeter Stück Ingwer
- 2 Knoblauchzehen
- 1 Würfel Gemüsebrühe oder 1 Teelöffel
- 2 TL Kurkuma Pulver
- 2 Tassen Gemüse (zum Beispiel kleingeschnittener Lauch)
- 1 Karotte
- Salz
- Sesam oder Gomasio zum Bestreuen

Den Reis mit 1,5 Liter Wasser in einen Topf geben.
Den Knoblauch durch die Knoblauchpresse geben und unterrühren. Reiben Sie den Ingwer und die Karotte und geben Sie diese ebenfalls in den Topf.

Das Kurkuma Pulver, Salz und das Suppenpulver hinzugeben und alles einmal aufkochen lassen.
Die Herdplatte zurückschalten und das Congee für rund 2 Stunden köcheln lassen. Immer wieder umrühren.

In der Zwischenzeit schneidest du den Lauch klein.

Zum Ende der Garzeit den Lauch zum Congee geben, mitkochen lassen.
Das fertige Congee mit Sesam oder Gomasio bestreuen.

Benefits: Congee kommt aus der Traditionell Chinesischen Medizin (TCM) und wird in China vor allem zum Frühstück gegessen. Durch die lange Kochzeit und die breiartige Konsistenz ist es sehr bekömmlich und gut verdaulich. Macht lange satt.

Perfekt für die Sirtfoodfastenwoche, kann man sowohl in der Früh als auch am Abend essen. Den Rest vom Frühstück (*ca. 4 Portionen*) in den Kühlschrank geben.

Rezept 9 - Hirsebrei für kalte Tage

Hirse ist ein sehr gesundes Getreide, low carb, basisch (*als eines der wenigen Getreidearten*) und sehr gut für die Gelenke. Den leckeren Hirsebrei esse ich gerne an kalten Tagen. Habe ihn bei meiner Ayurveda Ausbildung bei Yoga Vidya kennengelernt.

Zutaten für ca. 3 Personen:

- 150 g Hirse
- 800 ml Mandelmilch
- 1 Prise Salz
- 1 Prise Zimt
- Optional Gewürzmischung Kumin, Koriander, Muskatnuss von Brecht (*soll sehr gut für die Gelenke sein*)
- 1 Packung Vanillezucker
- 3 EL Honig
- Frische Beeren zum Garnieren

Hirse in einem Topf mit Wasser bedeckt aufkochen, ca. 3 Minuten köcheln lassen und dann abseihen. So wird die Hirse gleichzeitig gewaschen und es bildet sich nachher kein Schaum an der Oberfläche. Milch und Hirse mit einer Prise Salz aufkochen und dann ca. 20 Minuten bei geringer Hitze im offenen Topf leicht köcheln und quellen lassen. Öfters umrühren, Hirse brennt schnell an. Wenn der Brei zu trocken ist, einfach noch etwas Milch dazugeben, Hirse kann manchmal trocken sein. Zum Schluss der Garzeit den Brei mit Zimt, dem Brechtgewürz, Honig und Vanillezucker abschmecken. Je nachdem welche Hirse man benutzt, kann es sein, dass der Brei noch etwas nachquellen muss.

Den fertigen Brei mit frischen Beeren garnieren. Je nach Saison beliebig abwandelbar.

Benefits: Macht richtig satt und ein wohlig warmes Gefühl im Bauch, der Hirsebrei war immer das Highlight bei Yoga Vidya in der Früh.

Rezept 10 - Porridge – der Klassiker, der immer geht

Im Winter tut ein warmes Frühstück gut. Hafer hat viel Eisen und es gibt mittlerweile auch glutenfreie Haferflocken. Der Klassiker aus Schottland hält lange satt und gibt ein wohlig warmes Gefühl im Bauch. Vorteil zum Hirsebrei: Die Zubereitung geht wirklich schnell.

Zutaten:

- 50 g zarte Haferflocken
- 200 ml Hafermilch – ergibt eine leckere Süße
- Eine Prise Salz
- Ein paar Mandeln
- Eine Prise Zimt

Die Haferflocken, die Hafermilch und eine Prise Salz in einem Topf unter ständigem Rühren erhitzen, 2–3 Minuten leicht köcheln lassen, bis eine breiige Konsistenz entsteht.
Gut umrühren.
Die Mandeln grob hacken. Porridge mit Mandeln und Zimt bestreuen.

Benefits: Hält echt lange satt. Im Winter top. Man kann es auch mit Dinkelflocken als Dinkelbrei zubereiten oder mit Reisflocken als Reisbrei. Lecker auch mit Buchweizenflocken aus dem Bioladen. Laut Ayurveda in unseren Breitengraden das ideale Frühstück. Schmeckt auch mit Galgant- und Kardamonpulver oder mit der Brecht- Gewürzmischung Kumin, Koriander und Muskatnuss – soll gut für die Gelenke sein.

Rezept 11 – „Zucchinisirtbrot"

Zutaten:

- 250g Zucchini
- 1 TL Olivenöl
- 1 Päckchen Trockenhefe
- 50 ml Wasser
- 350g Dinkelmehl
- 1 TL Salz

Zucchini waschen, putzen und fein raspeln oder in der Küchenmaschine zerkleinern, mit den Händen gut ausdrücken. Die Hefe mit dem lauwarmen Wasser verrühren.

Die Zucchini, das Mehl und das Salz dazugeben und zu einem Teig verrühren. Auf eine bemehlte Fläche geben und einen Brotlaib daraus formen.

Bei 220 Grad für ca. 35 Min. backen

Benefits: Leckeres saftiges Vollkornbrot – durch die Zucchini sind ordentlich Sirtuine dabei. (*Rezept von einer Facebook Freundin.*)

Rezept 12 – Nussbrot

Nüsse sind eine super Sirtuinquelle, das Brot ist low carb on its best.

Zutaten:

- 3 EL Kokosöl
- 5 EL Chiasamen
- 100 g Haferflocken
- 100 g gemahlene Walnüsse
- 100 g gemahlene Mandeln
- 100 g Kürbiskerne
- 350 ml Wasser, bei Bedarf mehr
- 80 g Leinsamen (geschrotet)
- 1 TL Salz
- 40 g gehackte Schokolade (ab 80 Prozent)
- 50 g Rosinen

Das Kokosöl schmelzen und mit den Chiasamen, den Haferflocken, Kürbiskernen, Mandeln und dem Wasser gründlich vermengen, bei Bedarf mehr Wasser verwenden.

Restliche Zutaten zugeben und den Teig 10 Minuten ruhen lassen.

Backofen auf 180 Grad vorheizen und eine Kastenform mit Backpapier auslegen.

Den Teig in die Backform füllen und die Oberfläche glattstreichen. 60 Minuten backen lassen.

Benefits: Low carb, Walnüsse, dunkle Schokolade, super auch für Frauenherzen.

Rezept 13 – Sirtfood Sonntagssemmeln

Der Sonntag und die Semmel – eine perfekte Kombi.

Zutaten:

- 75 g geschroteter Leinsamen
- 100 g Vollkorn Buchweizenmehl
- 200 g Dinkelvollkornmehl
- 1 Tüte Trockenhefe
- 50 ml Milch
- 2 TL Salz – gestrichen
- 60 g frische Kräuter – Thymian, Schnittlauch, Rosmarin

60 g des Leinsamens in 175 ml Wasser kurz quellen lassen.
Die Mehle, die Hefe und das Salz vermengen.
Den Leinsamen samt der Flüssigkeit und der Milch zugeben und verkneten.

1 Stunde zugedeckt gehen lassen.

Die Kräuter waschen, klein hacken und unter den Teig kneten.

Aus dem Teig 12 Semmeln (Brötchen) formen, kreuzweise einschneiden, mit Wasser bepinseln und dem Rest des Leinsamens bestreuen.

30 Minuten gehen lassen.

Den Ofen auf 220 Grad vorheizen und die Semmeln ca. 5 Minuten backen. Dann auf 180 Grad runter drehen und 25 Minuten fertig backen.

Benefits: Super für den Sonntag. Buchweizen ist Sirtfood.

Rezept 14 - Stachelbeermarmelade zum Sirtfoodbrot

Stachelbeeren haben viel Pektin, deswegen kann man sie gut als Gelee oder Marmelade verkochen, super sind Beeren aus dem eigenen Garten.

Zutaten:

- 1700 g reife rote Stachelbeeren
- Eine Biozitrone
- 1 Vanilleschote
- 1 Packung Gelierxucker 3 zu 1 (Erythrit)

Stachelbeeren waschen und mit 200 ml Wasser in einen Topf geben. Die Zitrone heiß abwaschen, die Schale sehr dünn abschälen, den Saft auspressen und zu den Beeren geben. Aufkochen lassen und dann zugedeckt 10 Minuten köcheln lassen, bis die Beeren geplatzt sind.

Durch ein Sieb pressen, dadurch werden die Kerne und die Schale entfernt.

Die Vanilleschote längs halbieren, das Mark mit einem Messerrücken herauskratzen und die Schote in große Stücke schneiden.

Das Stachelbeerpüree mit dem Gelierxucker, der Vanilleschote und dem Vanillemark in einen großen Topf geben und schön vermischen. Die Zitronenschale dazugeben. Aufkochen und ca. 5 Minuten sprudelnd kochen lassen.

Für eine Gelierprobe einen Holzlöffel in die Masse tauchen und abtropfen lassen. Wird der letzte Tropfen am Löffel fest, dann wird auch das Gelee fest.

Sofort in die heiß ausgespülten Gläser füllen und fest verschließen.

Benefits: Schön fruchtig und durch den Xucker low carb, köstlich auf das Sirtfoodbrot. Kann man natürlich auch mit anderen Beeren machen. Am besten aus dem eigenen Garten.

Rezept 15 – „Gesundes Nutella“ zum Brot

Wetten dass? Es gibt kaum jemanden, der Nutella zum Frühstück vom Platz verweisen würde. Und da wir alle diesen Aufstrich so sehr lieben, gibt es eine gute Nachricht.

Nutella geht auch in „Gesund“ und wir brauchen wenig Zutaten und einen Mixer und aus der Kalorienbombe wird Sirtfood.

Zutaten:

- 200 g Haselnußmus (aus dem Bioladen)
- 20 g Kakaopulver
- 10 g Kokosöl geschmolzen
- 50 g Erythrit als Puder
- 1 Prise Salz

Haselnußmus, Kakaopulver, Erythrit und die Prise Salz in einem Mixer pürieren.

Geschmolzenes Kokosöl hinzugeben und nochmals alles miteinander pürieren.

Ab ins Glas und auf aufs Brot.

Benefits: Das Rezept ist von „Stautopia“ und wirklich saulecker. Nüsse sind Sirtfood und unser Nutella ist low carb. Was will man mehr?

Rezept 16 – „Guacamole“ – was Herzhaftes auf unser Brot

Manche mögen gerne was Herzhaftes auf ihr Sirtbrot. Sehr lecker mit der „Mama“ aller Superfoods, unserer lieben Avocado und auch der Koriander ist ein Top Kraut.

Zutaten:

- 2 Avocado
- 2 EL Limettensaft
- 1 Knoblauchzehe
- Salz
- etwas Chilipulver
- 150 g kleine Tomaten
- Koriandergrün

Geschälte und entkernte Avocados, den Limettensaft, zerdrückte Knoblauchzehe, Salz und Chili pürieren.
Die Tomaten waschen und in Würfel schneiden.

Koriander hacken. Beides vorsichtig unterrühren.

Benefits: Ein sirtuinreicher Belag für ein sirtuinreiches Brot.

Rezept 17 – Dattel Quark Dip

Noch eine herzhafte Rezept-Idee für Ihr Brot. Datteln sind Super Sirtfood.

Zutaten:

- 125 Gr. Datteln soft entsteint
- 400 Gr. Quark
- 1 Knoblauchzehe
- 1TL Harissa
- 1 TL Kumin (Kreuzkümmel)
- 1 TL Pfeffer
- 2 TL Madras Curry
- 1/2 TL Salz

Datteln und Knoblauch sehr fein hacken und mit dem Rest der Zutaten verrühren.

Benefits: Sirtfood, sehr lecker, aber auch ganz schön scharf.

Rezept 18 – Karotten Humus

Zutaten:

- 400 g Karotten (*geschält und geschnitten*)
- 2 TL Kokosöl
- 1 TL Kreuzkümmel, Salz und Pfeffer
- 1 Knoblauchzehe (*gerieben*)
- 1 TL Tahin
- 1 TL Zitronensaft

Den Ofen auf 180 Grad vorheizen. Die geschnittenen Karotten mit dem Kokosöl, Kreuzkümmel, Salz und Pfeffer mit der Hand „verkneten" und im Ofen 25 Minuten auf einem Backblech rösten lassen.

Abkühlen lassen und mit der geriebenen Knoblauchzehe, dem Tahin und dem Zitronensaft in den Mixer geben oder mit dem Pürierstab pürieren.

Soll cremig werden.
Im Kühlschrank aufbewahren.

Benefits: Lecker aufs Brot, Rezept ist von Laura Van den Horst, einer Hormonexpertin. Ich liebe die Küche des Orients.

Rezept 19 – Veganer Obadza

Ich komme ja aus Bayern und liebe Obadza auf die Brezel oder auf das Brot. Ganz besonders hat es mir die vegane Variante aus dem Yoga-Journal von meiner Yoga-Kollegin Flora Fink angetan, die in meiner Uni-Stadt Augsburg das vegane *Cafe 13* hat und im Lockdown ein Kochbuch schrieb. Sehr leckere Rezepte und die gute Flora ist eine wahre Meisterin der Sirtfoodkost.

Zutaten:

- 100 g Cashewkerne
- 4 EL Wasser
- 5 EL Sonnenblumenöl
- 3 EL Tahin
- 1 EL Sojasauce
- 1 EL Hefeflocken
- 1 TL Kümmel gemahlen
- 1 TL Paprikapulver edelsüß
- 1 TL Salz
- 1 Zwiebel
- 1 Zitrone

Die Cashewkerne über Nacht in 400 ml Wasser einweichen.

Danach durch ein Sieb abgießen, kalt abspülen und abtropfen lassen.

Mit allen anderen Zutaten, außer der Zwiebel, im Mixer zu einer cremigen Masse verarbeiten.

Zum Schluss die Zwiebel fein hacken und unterrühren.

Benefits: Sehr lecker.

Getränke und Smoothies

Rezept 20 – „Avocado – Kokos“ – Smoothie – Kickstart in den Tag

Manchmal muss es bei mir in der Früh schnell gehen.
Hier eigenen sich Smoothies und Shakes.
Den „Avocado – Kokos Smoothie/ Shake“ habe ich in Kambodscha kennen- und lieben gelernt, leider ist es dort schwierig, ihn zuckerfrei zu bekommen, deswegen habe ich hier für Sie die Low Carb Variante „designt“. Sehr lecker auch in der Sirtwoche.

Zutaten:

- 1 Avocado
- 300 ml Kokosmilch
- 1 EL Joghurt

Avocados halbieren, Kerne entfernen, Fruchtfleisch aus der Schale lösen. Avocado, Kokosmilch und Joghurt in einem Hochleistungs-Standmixer pürieren.

Smoothie in 2 Flaschen (à ca. 250 ml) füllen oder in eine große 500 ml Flasche.

Benefits: Sehr lecker, zuckerfrei, gutes Fett aus der Avocado und der Kokosmilch.

Rezept 21 - „Banana“ Milk

Gibt es ebenfalls in Kambodscha, mit viel Zucker und viel Fett – hier haben wir die deutlich gesündere Alternative.

Zutaten:

- 1 Banane
- 150 ml Kokosmilch
- Je eine Prise Zimt, Kurkuma und Brecht-Gewürzmischung Kumin, Koriander und Muskatnuss (*auch eine Prise*)
- 100 g Kakoonips

Alles im Mixer shaken.

Benefits: Lecker und perfekt nach dem Ausdauertraining, super Snack. Beugt Heißhunger vor, Zimt ist mega gut für Diabetiker und verbessert die Durchblutung, die bei Diabetikern oft schlecht ist. Oft auch schon bei Prädiabetikern. Kakaonipps sind pures Sirtfood.

Rezept 22 - „Green Godess“ – Basen und Sirtuine pur –

Zutaten:

- 1 Handvoll kleingeschnittener Grünkohl
- 1 Handvoll Rucola
- 2 Stängel Sellerie
- Ein halber Apfel
- Eine halbe Zitrone
- (Optional etwas Matchapulver)

Alles ab in den Entsafter – ergibt etwa 50 ml Saft.

Benefits: Super viele Sirtuine, Chlorophyll, Kalium, Basen und Polyphenole.

Die ersten 3 Tage je 3 Gläser (*und eine feste Mahlzeit*), danach 2 (*und 2 feste Mahlzeiten*). Grünkohlsmoothies gibt es übrigens auch in meinem Lieblingscafe in Kambodscha, importiert aus dem relativ „nahen“ Korea.

Kalium ist herzgesund und senkt den Blutdruck.

Kleiner Tipp: Normale Mixer tun sich mit der „grünen Göttin“ schwer. Hier bitte einen Entsafter kaufen.

Rezept 23 - Variante: „Spinatbombe“

Zutaten:

- 100 ml Apfelsaft
- 100 ml Wasser
- 1 Apfel
- 1 Handvoll Blattspinat
- Ein Teelöffel Kokosöl
- 1 Banane

Ab in den Mixer.

Benefits: Dieses Rezept ist aus dem Buch „*Sirtfoods für Anfänger*“ von Alexander Deutschmann und sehr praxistauglich. Ich switche gerne zwischen meinen Smoothies hin und her, je nachdem was mein Gemüse und Obst so hergibt.

Rezept 24 - Variante: „Kräuter Avocado Smoothie“

Ich liebe Avocados und deswegen sirtfoode ich manchmal auch gerne mit diesem Smoothie.

Zutaten:

- Eine halbe Avocado
- 1 grüner Apfel
- 1 Handvoll Rucola
- 200 ml Apfelsaft naturtrüb
- 250 ml Wasser
- Etwas Minze und Petersilie oder Basilikum
- 1 EL Zitronensaft

Die Avocado würfeln und mit dem Zitronensaft anmachen.
Die Kräuter waschen und vorbereiten, den Apfel waschen und entkernen. Alle Zutaten im Mixer pürieren.

Benefits: Sehr lecker und etwas gehaltvoller als die grüne Göttin. Wenn Sie aber einen Entsafter besitzen, dann machen Sie bitte die Grüne Göttin. Sie ist das Non plus Ultra an Sirtfood.

Rezept 25 - „Goldene Milch"

Die „Goldene Milch" ist mittlerweile ein Trendgetränk, wahnsinnig lecker und super gesund. Kann man im Supermarkt oder Bioladen kaufen oder einfach selber machen.

Zutaten:

- 300 ml Mandelmilch
- Einen Esslöffel Kurkumapulver
- Etwas Ingwerpulver (*nicht zu viel, wird sonst sehr scharf*)
- Eine Prise frisch gemahlener schwarzer Pfeffer
- Eine Prise Zimt
- 1/2 Teelöffel Kokosöl
- Eine Prise frisch gemahlene Muskatnuss
- 1 TL Agavendicksaft zum Süßen

Die Zutaten in einen Mixer geben und alles mixen, bis eine feine Konsistenz entsteht.

Wenn die Konsistenz nicht fein genug wird, kann man die Kurkumamasse durch ein feines Sieb abseihen.

Wenn man so viele Nährstoffe wie möglich erhalten haben möchte und eine „rohe" Goldene Milch bevorzugt, ist dein Getränk jetzt fertig. An kalten Tagen möchte man aber vielleicht etwas Wärmeres im Bauch haben.

Hierzu die Milch in einen Topf geben und kurz aufkochen - für zwei Minuten auf kleiner Stufe köcheln lassen.

Nach Belieben kann man die Kurkumamilch anschließend mit einem Milchaufschäumer aufschäumen.

Benefits: Wirkt antientzündlich, bei Gelenkproblemen wie Arthrose, stärkt unsere Immunabwehr, enthält Antioxidantien, regt die Funktion der Leber und der Verdauung an und entgiftet den Körper.

Rezept 26 - Eiweißshake – der Booster am Morgen (kann aber auch mal das Abendessen ersetzen)

Selber gemacht und super easy. Das Rezept hatte ich vor Jahren mal aus der Zeitschrift *Look*. Mein Einstieg damals in die Low Carb-Thematik. Leider stellte die Zeitschrift nach nur 2 Jahren ihre Printausgaben ein.

Zutaten:

- 300 ml Milch
- 100 g Magerquark
- 100 g Heidelbeeren (*frisch oder tiefgefroren*) - man kann aber auch Himbeeren oder Erdbeeren nehmen. Im Sommer sind frische Erdbeeren ideal.
- 1 EL Haferflocken

Alle Zutaten in einem leistungsstarken Mixer zubereiten.

Benefits: Extrem lecker, viel Eiweiß und gute Antioxidantien durch die Blaubeeren – super beim Intervallfasten an den Fastentagen (5 zu 2) und bei Dinner Canceling als Booster für die Hormonregulation – Eiweiß am Abend regt die Reparaturprozesse im Körper an und hilft beim Abnehmen.

Rezept 27 – „Keto Kaffee“

Kaffee ist pures Sirtfood und wird in der ketogenen Ernährung gerne als Bulletproof getrunken, auch anstelle eines Frühstücks.

Zutaten:

- 200 ml richtig guter Kaffee, fertig aufgebrüht
- 2 EL Kokosfett
- 2 EL Weidebutter
- Etwas Zimt

Den Kaffee aufbrühen - entweder mit der French Press oder Filterkaffee kochen. Am besten guten Kaffee aus Bioanbau, davon profitiert der Bulletproof Coffee massiv.

Den Kaffee, das Öl, die Butter und den Zimt im Mixer auf höchster Stufe schaumig schlagen, sodass eine cremige und homogene Flüssigkeit entsteht.

Die Mischung in eine Tasse geben. Ersetzt bei der ketogenen Ernährung das Frühstück.

Benefits: Die Wirkung verdankt der „Butterkaffee“ dem Fett. Soll mehrere Stunden lang satt halten und die Fettverbrennung anregen. Anstelle einer Mahlzeit und keine Kohlenhydrate dazu essen. Nix für jeden Tag, aber es ist doch nice, dass Kaffee Sirtfood ist.

Rezept 28 – Schokidrink für kalte Tage

Heiße Schokolade an kalten Tagen und pures Sirtfood.

Zutaten:

- 200 g Kokosmilch
- 5 TL weiche Butter
- 3 TL Kokosöl
- 4 EL Kakaopulver (*schwach entölt*)
- 1 Prise Zimtpulver
- 1 Prise Chilipulver

Kokosmilch mit 200 ml Wasser in einen kleinen Topf geben und zum Kochen bringen. Dann Butter, Kokosöl, Kakaopulver, Zimt und Chilipulver einrühren und den Topf vom Herd ziehen.

Die heiße Schokolade in einen hohen Rührbecher geben und mit dem Pürierstab pürieren, bis sich alle Zutaten verbunden haben und eine schöne Schaumschicht entstanden ist.

Benefits: Hebt die Laune – pures Sirtfood.

Rezept 29 - Matcha Latte – „Es muss nicht immer Kaffee sein!"

Klar, ich liebe Kaffee. Aber: Er ist ein Säurebildner und sein Koffein putscht enorm auf und Matcha macht einen einfach sanfter wach, denn die Wirkung des enthaltenen Teeins setzt langsamer ein als die Wirkung vom Koffein und hält länger an.

Zutaten:

- 200 ml Milch
- 1/2 TL Matcha-Pulver
- 1 TL Kokosblütensirup oder Agavendicksaft

Für den Matcha Latte etwa 100 ml Wasser in einem Topf zum Kochen bringen. Das Matchapulver in ein hohes Schälchen geben. Ein Barmaß à 4 cl mit dem heißen Wasser auffüllen, auf das Matchapulver geben und anschließend nochmals knapp zur Hälfte füllen und ebenfalls auf das Pulver geben. Mit einem Milchaufschäumer oder kleinen Schneebesen schaumig schlagen.

Die Milch im Topf aufkochen. Den heißen Grünteeschaum in ein großes Glas füllen und mit der heißen Milch auffüllen.

Den Matcha Latte nach Belieben mit Agavendicksaft oder Kokosblütensirup süßen.

Benefits: Im Gegensatz zu Kaffee basenreich, Teein hält länger und sanfter wach als Koffein. Tolles Sirtfood mit Catechinen, welche das Fett verbrennen, Vitaminen und Antioxidantien. Bitte Bioqualität aus Japan kaufen, ist teuer, aber sehr gut und gesund.

Rezept 30 – „Kalter Ingwer“ für heiße Tage

Ingwer und Zitrone regen den Stoffwechsel und die Fettverbrennung an. Zudem sind Zitrone und Co. Basenbildner und sehr gesund.

Zutaten:

- 250 ml Mineralwasser mit Sprudel
- 2 Scheiben Limette geschält
- Ein Schnapsglas Zitronenwasser

Etwas Ingwer schälen und fein reiben, sodass der Saft austritt.

Das Zitronenwasser und den geriebenen Ingwer in das Sprudelwasser geben. Die Limettenscheiben hinzugeben und voila – fertig ist ein leckeres Erfrischungsgetränk.

Benefits: Die Idee, den Ingwer zu reiben, kommt von meiner pakistanischen Freundin Nadia. So tritt einfach mehr Saft aus. Speziell Zitrone soll Viren vorbeugen und Ingwer ist ja immer gut für das Immunsystem.

Rezept 31 – „Gesunder“ Eistee

Fertig gekaufter Eistee hat furchtbar viel Zucker. Deswegen selber machen. Ohne Zucker und ohne Süßstoff, der genauso gruselig ist wie Zucker.

Zutaten:

- 3 Teebeutel grüner Tee (*hat die meisten Sirtuine*) schwarzer Tee, Mate Tee (*für die Fettverbrennung*), Roibuschtee oder Kräutertees wie Salbei oder Pfefferminze
- 1 Limette
- 3 Zweige frische Zitronenmelisse oder Nana-Minze

Die Teebeutel in eine große Kanne geben und mit 1 Liter kochendem Wasser übergießen. Je nach Teesorte individuell ziehen lassen. Bitte immer die jeweilige Minutenzahl beachten, damit der Tee nicht bitter wird.

Die Limette auspressen und den Saft in den Tee geben. Eventuell 1 Esslöffel Vollrohrzucker zugeben (*nicht zwingend*).
Den abgekühlten Tee mit einem Liter kaltem Sprudelwasser auffüllen: Ergibt dann ca. zwei Kannen. Die Melissen-Zweige in die Kannen legen.
Wer mag, gibt noch Eiswürfel dazu.

Benefits: Passt perfekt zu „Balkonien“ und kühlt schön. Ideal nach dem Training, wenn es sehr schweißtreibend war. Low Carb. Lecker für Frauen im Wechsel ist „Salbei“-Eistee. Hilft ungemein gegen Hitzewallungen. „Pfefferminze“-Eistee gegen Magendrücken und Kreislaufbeschwerden.

Rezept 32 - Indischer Chai – „Sirtuine zum Trinken“

Wie der Eistee zum Sommer gehört, gehört der Chai in den Winter.

Zutaten:

- 1 Tasse Wasser
- 1 Tasse Milch (alternativ Mandel -, Hafer oder Sojamilch)
- 1 Teebeutel Schwarztee (Darjeeling, Earl Grey oder Assam)
- 2 EL Honig oder Rohrohrzucker
- 2 cm Ingwer raspeln
- Eine kleine Zimtstange
- 3 Kardamomkapseln
- 3 Gewürznelken
- Eventuell die Brecht Gewürzmischung Kumin, Koriander, Muskatnuss - eine Minibrise
- *Oder* ein Esslöffel Lebkuchengewürz, wenn keine anderen Gewürze zur Hand sind und man spontan einen Chai kochen will.

Alle Gewürze in einem Mörser zerstoßen und vorsichtig im Topf ohne Fett erhitzen.
Wenn der Gewürzduft aufsteigt, das kalte Wasser und die Milch eingießen und aufkochen.
Wenn die Gewürzmilch sprudelnd kocht, den Schwarzteebeutel hinzugeben und mit dem Honig oder dem Rohrohzucker süßen.
Nach wenigen Minuten Ziehzeit den fertigen Chai durch ein Sieb gießen und genießen.

Benefits: Sehr lecker im Winter, bei Erkältungen oder, wenn man sich schlapp fühlt. Die Gewürze sind pures Sirtfood.

Rezept 33 – „Grüne Prinzessin“

Zu guter Letzt, noch mal was Grünes.

Zutaten:

- 1 Avocado
- 1 Orange
- Etwas Zitronensaft
- Grünkohl oder Spinatblätter (2 Handvoll)
- Wasser

Avocado schälen und entkernen, Orange schälen. Mit dem gewaschenen Gemüse in den Mixer geben und pürieren. Wasser zugeben, bis die gewünschte Konsistenz erreicht ist.

Benefits: Super Sirtfood.

Hauptmahlzeiten für Mittags und Abends

Die Hauptmahlzeiten können Sie variabel gegeneinander tauschen, wobei es gut ist, mittags kohlenhydratreicher und abends eiweißreicher zu essen. Salat am besten am Mittag, da dieser abends oft schwer verdaulich ist und vom Ayurveda das Verdauungsfeuer mittags am besten ist, um Salat zu verdauen.

Wie gesagt: Einfach kreativ sein!

Rezept 34 - Zucchininudeln mit Tomaten- Paprikasauce

Die Idee mit den Zucchininudeln hatte ich, als ich in einer Fit-for-Fun-Zeitschrift ein Interview mit Sami Khedira las, der bei Juventus Turin in Italien Fußball spielt und aufgrund häufiger muskulärer Probleme auf Gluten verzichtet. Dort las ich das erste Mal das Wort „Zoodels“ und bereitete am Abend gleich welche zu.

Ich kann mich noch gut an den Abend erinnern, es war nämlich der Freitagabend des Amoklaufes in meiner Heimatstadt München und ich lenkte mich durch das Kochen ab.

Damals benutzte ich noch den Sparschäler, mittlerweile besitze ich eine elektrische Maschine zum Spiralisieren der Firma Kenwood. Man muss die Zucchini, die Pastinake oder die Karotte nur hineinstecken und sie kommt spiralisiert wieder hervor. Mehrere Aufsätze für Spaghetti oder Tagliatelle. Sehr praktisch, bei manchen Modellen muss man kurbeln.

Die Tomaten - Paprikasauce kommt ursprünglich aus Ungarn und eignet sich wunderbar zu allen Formen von Pasta, aber auch Kartoffeln oder Reis – auch in der low carb Variante.

Zutaten:

- 3 Zucchini waschen und spiralisieren
- 5 Zehen Knoblauch - schälen und kleinhacken
- Eine große Zwiebel - schälen und kleinhacken
- 3 Tomaten
- 2 Paprika – eine gelbe und eine rote
- 200 ml Gemüsebrühe
- Etwas Sahne
- Etwas Salz und Pfeffer, ungarisches Paprikagewürz

In eine große Pfanne etwas Kokosfett geben und den Knoblauch und die Zwiebel anbraten.

Die Paprikaschoten von den Kernen und dem Strunk befreien und sehr klein schneiden, die Tomaten ebenfalls. Das Gemüse ebenfalls anbraten und mit der Gemüsebrühe begießen. Würzen und schön dünsten lassen. Gegen Ende der Garzeit (*circa 20 Minuten*) die Zucchininudeln zugeben und mitkochen lassen.

Benefits: Absolut low carb und sehr basenreich.

Rezept 35 - Eier – Sahne – Käse-Sauce – auch sehr lecker.

Hierzu einfach die Zucchininudeln mit etwas Knoblauch und Zwiebeln in einer Pfanne anbraten. Zwei Eier verquirlen und mit etwas Sahne mit den Nudeln gut verrühren. Salz und Pfeffer, Rosmarin, Oregano und Thymian hinzugeben. Geriebenen Parmesan unterrühren. Mit etwas Rucola garnieren.

Schmeckt ein bisschen wie eine Carbonara, nur in gesund.

Rezept 36 - Auberginen saulecker – Parmigiana

Als ich noch in der Hebammenpraxis gearbeitet habe, wurde die *Parmigiana de melanzane*, der Auberginenauflauf, immer den Schwangeren, die kurz vor der Entbindung standen, empfohlen. Auberginen sind leicht wehenanregend und auch die große Fettmenge treibt die Verdauung und damit auch die Wehen an. Keine Angst, ich habe das Rezept vom Fettgehalt etwas entschärft. Mein absoluter Favorit in meinem Lieblingslokal in München - low carb, wenn man das Brot weglässt.

Zutaten:

- 2 Auberginen
- 3 Zehen Knoblauch
- 1 Zwiebel
- 1 Dose stückige Tomaten – ohne Zucker
- 1 Packung Mozzarella (250 g)
- 100 g Parmesan
- Rosmarin, Thymian, Oregano, Salz und Pfeffer

Zwiebel fein würfeln und Knoblauch hacken. Auberginen der Länge nach in Scheiben schneiden.

Etwas Kokosfett in einem großen Topf erhitzen. Zwiebeln und Knoblauch bei mittlerer Hitze ca. 5 Minuten lang glasig anbraten.

Die Dose Tomaten hinzugeben und für weitere 3 Minuten anbraten. Salz, Pfeffer, Oregano, Thymian und Rosmarin zur Tomatensoße geben und für ca. 15 Min. köcheln lassen.

Olivenöl in eine Pfanne geben. Die Auberginenscheiben für ca. 3 Min. pro Seite anbraten. Zur Seite stellen.

Den Mozzarella in Scheiben schneiden, ungefähr so schmal wie die Auberginenscheiben.

Eine Auflaufform ausfetten.

Zuerst die Auberginen hineinlegen, die Tomatensauce darauf verteilen, mit Mozzarellascheiben belegen und etwas Parmesan darüber streuen. Eventuell eine zweite Lage.

Im vorgeheizten Backofen bei 200 °C so lange überbacken, bis eine goldbraune Kruste entsteht, das dauert ca. 40 Minuten.

Benefits: Saulecker und fast keine Carbs, typisch italienisch.

Rezept 37 - Variante Zucchinilasagne

Als ich noch im Bioladen in München arbeitete, bemerkte ich, dass ich Weizen nicht so gut vertrug, ich bekam immer wunde Hände, was blöd war, da ich damals schon massierte. In dieser Zeit entstand die Idee zur Zucchinilasagne. Sie funktioniert sehr ähnlich wie die Parmigiana.

- Backofen auf 200 vorheizen
- 3 Zehen Knoblauch und eine Zwiebel schälen und klein schneiden.
- 2 große Zucchini in relativ dünne Scheiben schneiden.
- Auflaufform ausfetten.
- Knoblauch und Zwiebeln hineingeben und dann je eine Schicht Zucchini und Mozzarella
- Mit Salz, Pfeffer und Oregano würzen

40 Minuten backen.

Benefits: Low-carb-Variante des italienischen Klassikers Lasagne, schmeckt auch Italien Fans.

Rezept 38 - Blumenkohl „Risi“ Bisi

Als Kind war ich eine schlechte Esserin. Mein absolutes Lieblingsessen war aber *Risi Bisi* (Reis mit Erbsen). Heute mache ich es low carb aus Blumenkohl.

Zutaten:

- 1 kleiner Blumenkohl oder 1 Packung fertiger, tiefgefrorener Blumenkohlreis (250 g)
- 1 Packung Erbsen (250g)
- 1 Glas Weißwein (circa 150 ml)
- 1 Zwiebel
- 3 Knoblauchzehen
- 100 g Parmesan
- Etwas Rucola zum Garnieren

Wenn Sie keinen fertig zerkleinerten Blumenkohl nehmen (*den gibt es in der Gemüsetiefkühltruhe zum Beispiel bei Edeka und er spart viel Arbeit*), dann teilen Sie den Blumenkohl in vier Viertel und zerhäckseln Sie ihn in der Küchenmaschine oder reiben Sie ihn (*sehr aufwendig*). Ich nutze daher den fertigen Blumenkohlreis, den es in vielen Supermärkten in der TK-Abteilung gibt - Enorme Zeitersparnis.

Nehmen Sie eine große Pfanne und fetten sie diese mit Kokosöl ein. Schälen und zerkleinern Sie die Zwiebel und den Knoblauch und dünsten Sie diese in der Pfanne glasig an. Blumenkohl-Reis dazugeben und kurz mit anschwitzen. Danach mit Weißwein ablöschen und alles unter Rühren aufkochen lassen. Er braucht etwa 5 Minuten, bis er nur noch ein wenig Biss hat und somit fast an die Konsistenz von herkömmlichem Reis heranreicht. Dann die Erbsen zugeben und noch etwas heiße Gemüsebrühe mit Salz und Pfeffer. Zum Schluss den Parmesan unterrühren und ganz kurz den klein geschnittenen Rucola mit garen.

Rezept 39 - Variante mit Letcho (Tomaten Paprika Sauce)

Hier die Paprika-Tomatensauce aus dem Rezept Zucchininudeln (*S.70*) zubereiten und statt Weißwein Rotwein nehmen.

Rezept 40 - Asiatische Variante

Blumenkohlreis zubereiten.

Räuchertofu mit Sesamöl in einer zweiten Pfanne gemeinsam mit einem klein geschnittenen Radicchio scharf anbraten und dann alles zusammenmischen, mit einer Dose Kokosmilch statt Weißwein ablöschen. Die Sauce mit etwas Kurkuma verfeinern und frischen Koriander darüberstreuen.

Geht für Nicht-Vegetarier natürlich auch mit in Sesamöl gebratenem Hühnchen, Pute oder Rind.

Wer mag, kann ganz zum Schluss statt Parmesan, frischen Koriander hinzugeben.

Benefits: Sehr viel weniger Carbs als echter Reis. Als ich ihn das erste Mal aß, merkte ich den Unterschied gar nicht einmal.

Rezept 41 – Orientalisches Hack-Omelett

Die Küche des Orients lebt von ihren aromatischen Gewürzen, die voller wertvoller Sirtuine stecken.

Zutaten:

- 2 Zucchini – ca. 500 Gramm
- 3 Knoblauchzehen, 1 kleine Zwiebel
- 100 g Rinderhack, bitte bio
- Salz, Pfeffer
- Zimt, Kreuzkümmel, Paprikapulver – je eine Messerspitze
- ein Bund Petersilie
- 100 g Couscous
- 2 Eier
- 100 ml Milch

Die Zucchini waschen und klein schneiden, Knoblauch und Zwiebel schälen und klein hacken. Das Hack in der Pfanne mit Knoblauch und der Zwiebel anbraten. Mit Salz, Pfeffer, Zimt, Kreuzkümmel und Paprikapulver würzen. Runterschalten.

Den Instant Couscous in einem Topf zubereiten.
Die Petersilie waschen, trocken tupfen und klein hacken.
Den fertigen Couscous zu dem Hack in die Pfanne geben, die gehackte Petersilie und die Zucchini zugeben. Gut vermengen.

2 Eier mit Milch verquirlen und über das Hack geben.
Bei schwacher Hitze stocken lassen.

Benefits: Sehr lecker, schön orientalisch, geht auch mit veganem Hack.

Rezept 42 – „Palak Paneer“ – der Klassiker aus Indien

Palak Paneer ist selbst gemachter indischer Frischkäse, der so leicht zuzubereiten ist, dass ich mein indisches Lieblingsessen oft selbst koche. Ganz oft im Shutdown, denn da hatte mein Lieblingsinder zu.

Zutaten:

- 2 l frische Vollmilch
- 50 ml frisch gepresster Zitronensaft
- Eine Prise Salz

Milch in einen großen Topf geben und unter ständigem Rühren langsam erhitzen. Kurz bevor die Milch kocht, den Zitronensaft und das Salz hinzufügen, bis die Milch gerinnt und die Käsemasse ausgeflockt ist. Dabei weiter rühren, bis sich der weiße Käse und die gelbgrüne Molke vollständig getrennt haben. Anschließend den Topf von der Herdplatte nehmen.

Masse in ein mit einem Tuch (*Geschirrtuch oder ein Knödeltuch*) bedeckten Sieb schütten und abtropfen lassen. Das Tuch oben zuhalten und die restliche Molke ausdrücken, dabei aufpassen, dass man sich nicht verbrennt. Die Molke kann man auffangen und später abgekühlt trinken – sehr gutes Eiweiß.

Die Käsemasse in dem Tuch einwickeln und das Tuch mit etwas Schwerem „beschweren“ – ich nehme immer einen „Brockhaus“ dazu.

Den Käse für 3-4 Stunden oder über Nacht abtropfen lassen. Ich verwende ihn allerdings meist gleich weiter.

Hier mein Rezept:

TK- Spinat in einem großen Topf (*man kann den ausgespülten „Paneertopf“ nehmen*) mit etwas Wasser aufkochen. Kleingeschnittenen Knoblauch zugegen. Den Paneer in Stücke schneiden (*geht am besten, wenn er über Nacht im Kühlschrank war*) oder zerbröseln (*wenn man ihn gleich weiterverarbeitet*) und in den Spinat einrühren. Klein geschnittenen Ingwer zugeben und den Spinat schön aufkochen.

Mit gekochtem Reis oder für Low-Carb-Fans mit Blumenkohlreis servieren. Man kann den Paneer auch mit Sojamilch machen, wenn man Veganer ist. Soja ist ja auch gutes Sirtfood.

Benefits: Sehr lecker, perfekt, wenn Gäste zum Sirtfood Abendessen kommen.

Rezept 43 – „Blumenkohl" Margherita

Ich kenne niemanden, der keine Margherita mag. Tolle Nachricht, es gibt sie auch in Low Carb.

Zutaten:

- 220 g Blumenkohl
- 1 Ei
- 180 g Goudakäse
- 1 Zehe Knoblauch
- 1 TL italienische Kräuter
- 1/2 TL Salz

Dieser Pizzaboden ist hefe- und weizenfrei, absolut low carb.

Den Blumenkohl mit der Reibe oder in der Küchenmaschine zerkleinern. Er sollte Grieß ähneln, also noch „kleiner" als der Blumenkohlreis sein. Den Blumenkohl-Grieß etwa 8 Minuten im Dampfgarer oder in der Mikrowelle bei 600 Watt vorgaren.

Den Backofen auf 180 °C vorheizen.

Den Knoblauch hacken, den Käse raspeln. Ei, Käse, Blumenkohl, Knoblauch, Gewürze und Salz mischen. Die Masse auf ein mit Backpapier belegtes Blech verteilen und etwa 15 Minuten backen, bis der Boden etwas braun ist.

Dann die Pizza für die Weiterverarbeitung aus dem Ofen holen.

Belag für Margherita: Ein Tetrapak zuckerfreie passierte Tomaten auf dem Pizzaboden verteilen, zwei Tomaten in Scheiben schneiden und drauflegen, ebenso ein in Scheiben geschnittener Mozzarella und eine Handvoll Reibekäse. Mit etwas Thymian und Oregano bestreuen und nochmal 10 Minuten backen.

Rezept 44 - Belag für Flammkuchen

Als Belag Kräuterfrischkäse auf den Boden streichen. Eine Handvoll Reibekäse darüberstreuen. 3 Zwiebeln (*in Ringe geschnitten und gedünstet*) und in kleine Stücke geschnittener Kochschinken (*etwa eine Packung*) darauf verteilen. Auch hier nochmal 10 Minuten backen.

Benefits: Viel weniger Carbs als die „normale" Pizza oder Flammkuchen. Sehr lecker. Geht auch mit Thunfisch, ich lehne aber Thunfisch in Dosen ab, wenn er nicht artgerecht gefangen ist (*wegen der Delfine*).

Blumenkohlreis gibt es auch fertig gegart in der Tiefkühltruhe – geht schneller.

Rezept 45 – „West meets East“ – Bratwürstchen mit Kimchi

Männer mögen gerne Bratwürstchen. Manchmal ist das auch okay und ich serviere sie gerne mit etwas wirklich Gesundem, nämlich Sauerkraut oder Kimchi, in das ich mich in Asien schockverliebt habe. So lecker und durch das Fermentieren so gesund für den Darm.

Wie Sie Bratwürstchen zubereiten, brauche ich wohl nicht zu erklären. Das Kimchi mach ich immer selber und serviere es zu den Würstchen (*Fleisch oder Tofu*).

Zutaten für ein Liter Glas:

- 1 kleiner Chinakohl – 700 g – in 5 cm große Stücke schneiden
- 2 Esslöffel Meersalz
- 2 Karotten raspeln
- 1 Apfel raspeln
- 2 Frühlingszwiebeln – in dünne Ringe schneiden
- Ein kleines Stück Ingwer fein reiben
- 1 Knoblauchzehe
- Eine Prise Cayennepfeffer

Den Kohl und das Salz mischen. Abgedeckt 5 Stunden ruhen lassen. Abgießen und gut abspülen, abtropfen lassen.
Mit den restlichen Zutaten mischen und in ein Glas geben, mit Wasser bedecken. Locker verschließen und ca. 5 Tage fermentieren lassen.
Danach fest verschließen und in den Kühlschrank geben.

Benefits: Sehr gesund für den Darm, der ja sehr wichtig für die Immunabwehr ist, gute Vitamin-B12-Quelle vor allem für Vegetarier und Veganer. Meine Leute lieben das Kimchi zu Würstchen, aber auch zu einem Steak.

Rezept 46 – „Kitchari“ – ayurvedische Heilnahrung

Ich komme ja aus der Ayurveda Ecke. Kitchari ist ähnlich wie Congee-Heilnahrung, reinigt und entgiftet den Körper, perfekt zum Sirtfooden, vor allem in den strengeren Phasen. Ideales Frühstück, aber auch Mittagessen. Während einer ayurvedischen Kur isst man nur Kitchari.

Durch die enthaltenen Gewürze wird das Verdauungsfeuer angeregt und somit der ganze Stoffwechsel angekurbelt, was den Detox-Effekt des Kitcharis ausmacht. Klassische Kitchari-Gewürze sind Kreuzkümmel, Koriander, Bockshornklee, Kurkuma und frischer Ingwer. Besonders lecker wird der Eintopf, wenn man von Anfang an eine Zimtstange mit kocht.

Zutaten:

- 2 EL rote Linsen (*gewaschen*)
- 1 kleine Zimtstange
- 2 EL Basmati Reis (*gewaschen*)
- 1 Handvoll klein geschnittenes Gemüse (*z.B. Karotten, Mangold, Zucchini Süßkartoffeln*)
- Saft von 1/2 Zitrone
- 1/2 – 1 TL Steinsalz
- frisch gemahlener Pfeffer
- frische Kräuter (*grob gehackt*) (*z.B. Koriander, Petersilie, Schnittlauch*)

Die Gewürzmischung für das Kitchari:

- 1 TL Kokosöl
- 1/2 TL Kreuzkümmel Samen
- 1/2 TL Kurkuma
- 1/2 TL gemahlener Koriander
- 1 TL frisch geriebener Ingwer

Einen Kochtopf ca. 3 cm hoch mit Wasser füllen und die Linsen darin aufkochen. Die Zimtstange dazugeben. Für 10 Minuten köcheln lassen und den entstehenden grauen Schaum immer wieder abschöpfen.

Den Basmati Reis und das geschnittene Gemüse dazugeben und alles für weitere 15 Minuten köcheln lassen. Dabei immer wieder umrühren. Wenn nötig, noch etwas Wasser hinzugeben, sodass alles gut bedeckt ist.

In einem kleinen Topf das Kokosöl erhitzen und die Kreuzkümmelsamen darin für ca. 1 Minute anrösten. Die Samen sind fertig geröstet, sobald sie sich dunkel färben und von selbst im heißen Öl bewegen. Nun die restlichen Gewürze dazugeben und kurz weiter rösten. Dann den Ingwer dazugeben und kurz mitbraten. Die fertige Gewürzmischung sofort in den Eintopf geben, gut umrühren und nochmal aufkochen.

Das Kitchari mit Steinsalz, Pfeffer und Zitronensaft abschmecken und vor dem Servieren mit gehackten Kräutern bestreuen.

Benefits: Absolute Heilnahrung – perfekt zum Sirtfooden, gibt es bei Yoga Vidya immer zum Lunch um 11 Uhr nach dem Frühyoga. In der Sirtwoche kann man eine Portion gut zum Frühstück essen und die andere dann am Abend, ergänzt mit einer leichten Suppe. Super Detox.

Rezept 47 - „Zucchinischiffchen" – grüne Grüße aus dem Orient

Zutaten:

- 4 große Zucchini (*insgesamt 1 Kilo*)
- 250 g Spinat möglichst frisch
- 150 g Schafskäse
- 5 Zehen Knoblauch
- 2 EL Quinoa
- Salz und Pfeffer

Den Ofen auf 180 Grad vorheizen.

Die Zucchinis waschen und längs halbieren.
Mit einem scharfen Löffel aushöhlen, einen Rand stehen lassen.

In einer Pfanne den geschälten und gehackten Knoblauch anbraten und das zerkleinerte Innenleben der Zucchini dazugeben. Den frischen Blattspinat dazugeben und weiterbraten, bis er zusammenfällt. Wenn man TK-Spinat hat, diesen erst in einem Topf mit ein wenig Wasser aufkochen lassen und dann zu der Zucchini – Knoblauch-Masse geben. 2 EL Quinoa zugeben. Zum Schluss den kleingeschnittenen Schafskäse unterrühren und alles schön anbraten.

Die „Knoblauch – Zucchini – Spinat – Quinoa - Schafkäse" -Masse auf die Schiffchen verteilen und diese ca. 30 Minuten backen.

Benefits: Schön basisch grün durch die Zucchini und den Spinat.

Rezept 48 - „Kürbis – Karotten – Ingwer“ - Suppe

Suppen gehen an manchen Tagen immer. Sei es als leichtes Hauptgericht mit einer Scheibe Brot oder als Vorspeise bei einem Menü. Ich esse diese Suppe sehr gerne in meiner Sirtfoodwoche.

Zutaten:

- 500 Gramm Karotten
- 100 Gramm Ingwer kleingehackt
- 1 mittelgroßer Hokkaido Kürbis
- 500 ml Gemüsebrühe
- 1 Dose Kokosmilch
- Salz
- Pfeffer
- Garam Masala
- Kurkuma
- frischer Koriander

Die Karotten und den Kürbis in mundgerechte Stücke schneiden. Zusammen mit dem kleingehackten Ingwer und der Gemüsebrühe in einen Topf geben und ca. 20 Minuten weichkochen.

Salz, Pfeffer, Garam Masala und die Kokosmilch zugeben. Alles pürieren und mit frischem Koriander garnieren.

Benefits: Asia at its best, leicht und gute Carbs durch Karotten und den Kürbis. Passt super zu den ersten drei strengen Tagen und auch zur Sirtwoche.

Rezept 49 - „Omas Geheimwaffe" - Hühnersuppe

Frisches Gemüse, aromatische Kräuter, dazu ein saftiges Suppenhuhn – lecker und so gesund! Fakt ist nämlich, dass Hühnersuppe nachweislich eine heilsame Wirkung bei Erkältung hat, denn beim Garen des Suppenhuhns geht der Eiweißstoff Cystein in die Brühe über. Dieses Eiweiß wirkt unter anderem entzündungshemmend und kann so dabei unterstützen, schnell wieder gesund zu werden.

Zutaten:

- 4 Hähnchenfilets – eine Packung (*geht so einfach am schnellsten*)
- 3 Karotten
- 1/2 Knollensellerie
- 1 Zwiebel
- 1 Lauch
- 1 Bund Koriander
- 1 Stück Ingwer
- Salz
- Pfeffer
- Etwas Kokosmilch

Die Hähnchenfilets in heißem Fett anbraten, bis sie gar sind. Dann in mundgerechte Stücke schneiden.

Mit dem kleingeschnittenen Gemüse und 300 ml Gemüsebrühe in einem Topf aufkochen und ca. 20 Minuten kochen lassen, bis das Gemüse gar ist. Sie können auch eine Packung Suppengemüse nehmen, sehr lecker sind auch Pastinaken.

Mit Kokosmilch abschmecken und mit dem kleingehackten Koriander verzieren.

Benefits: Sehr lecker, gegen Erkältungen. Spendet Kraft. Gab es früher auch bei frischen Mamas nach der Entbindung, um wieder zu Kraft zu kommen.

Rezept 50 - Misosuppe – „der gesunde Japaner“

Sehr lecker und perfekt für die Sirtwoche.

Zutaten:

- 3 Möhren (*in dünnen Streifen*)
- Grünes Gemüse z. B. 1 Zucchini, 1/2 Brokkoli, in mundgerechte Stücke geschnitten
- 4 Champignons in feine Streifen geschnitten
- 3 Frühlingszwiebeln in feine Ringe geschnitten
- 200 g Tofu in Würfel geschnitten
- Gemüsebrühe
- 4 EL Misopaste am besten dunkel, dann schmeckt die Suppe intensiver.

2 Liter Wasser in einen Topf geben und mit etwas Gemüsebrühe aufkochen. Das kleingeschnittene Gemüse und den in Würfel geschnittenen Tofu zugeben und ca. 5 bis 10 Minuten mitköcheln lassen.

Die Misopaste zugeben, runterschalten und noch 5 Minuten ziehen lassen. Bei Belieben mit Koriander verzieren.

Benefits: Grünes Gemüse, Tofu und Miso – Sirtfood pur.

Rezept 51 - Äthiopischer Hirsesalat mit Apfel und Avocado

Eignet sich perfekt für ein Büffet. Das Rezept habe ich noch aus meiner Zeit im Bioladen aus der „Hauszeitschrift“ *Schrot und Korn*. Leichtes Mittagessen, geht aber auch am Abend.

Zutaten:

- 200 Gramm Hirse
- 400 ml Gemüsebrühe
- Saft einer Zitrone
- Pfeffer, Salz
- 3 EL Olivenöl
- 3 EL Apfelsaft ohne Zucker
- 1 Avocado
- 1 Zwiebel
- 2 rote Äpfel
- 80 Gramm Rosinen

Hirse in der Gemüsebrühe bei mittlerer Hitze 25 Minuten garen. 1 EL Olivenöl, Pfeffer, Salz und Paprika zugeben. Abkühlen lassen.

Aus Zitronensaft, dem restlichen Öl und Apfelsaft ein Dressing rühren. Salzen und pfeffern.

Die Zwiebel würfeln. Äpfel und Avocado in mundgerechte Stücke schneiden. Mit der Hirse vermengen. Rosinen unterheben. Mit dem Dressing anmachen.

Benefits: Hirse ist glutenfrei, gut für die Knochen (*auch gegen Rheuma*) und enthält viel Eisen, die Kombi mit Avocado und Apfel bringt eine fruchtige Frische ins Gericht. Ideal für Picknick und Büffet.

Rezept 52 - Orientalischer Salat

Im Sommer, wenn es heiß ist, dann isst man gerne Tomaten. Ich habe mich aber bewusst dagegen entschieden, den gefühlt 100 sten Burrata hier aufzunehmen, obwohl auch der wirklich lecker ist. Ich koche aber gerne orientalisch und mag Schafskäse fast noch mehr als Mozzarella und fand die Idee eines (zum Teil) warmen Salates nice, da man den nach den Prinzipien des Ayurvedas auch abends essen kann.

Zutaten:
- 1 Aubergine
- 1 Zucchini
- 3 große Fleischtomaten
- 2 rote Paprikaschoten
- 2 Zwiebeln
- 5 Knoblauchzehen
- 5 EL Olivenöl
- Kreuzkümmel, Salz, schwarzer Pfeffer
- 200 g Schafskäse

Die Aubergine und die Zucchini in mundgerechte Stücke schneiden. Knoblauch und Zwiebeln schälen und würfeln und im heißen Öl anbraten. Die Aubergine und die Zucchini dazugeben und ca. 10 Minuten mitbraten. Würzen.

Die Tomaten würfeln, die Paprikas in mundgerechte Stücke schneiden. Beides in einer Salatschüssel anrichten mit dem noch warmen Auberginen-Zucchini-Gemüse und dem in Würfel geschnittenen Schafskäse vermengen. Nach Geschmack den Salat mit etwas Olivenöl und Balsamicoessig abschmecken.

Benefits: Sehr lecker, durch das warme Gemüse für einen Salat gut verdaulich. Viele Menschen vertragen Knoblauch und Zwiebeln gegart besser als roh.

Rezept 53 - Orientalischer „Waldorfsalat“

Bleiben wir im Orient und bei einer besonders leckeren Variante des klassischen Waldorfsalates.

Zutaten:

- 200 g Karotten
- 100 g Sellerie (Knollensellerie)
- 1 Apfel (ca. 100 Gramm)
- 1 Zwiebel
- 5 Knoblauchzehen
- 1 TL Chilipulver
- 5 EL Olivenöl
- 3 EL Zitronensaft
- 1 EL Honig
- Eine gute Prise ungarisches Paprikagewürz und Salz
- 50 g Walnüsse grob gehackt
- 1 Orange

Die Karotten in dünne Streifen schneiden, den Sellerie schälen und ebenfalls in sehr feine Streifen schneiden. Den Apfel vierteln, entkernen und auch sehr klein schneiden. Walnüsse fein hacken.

In einer Schüssel zusammenmischen, das Olivenöl, den klein gehackten Knoblauch, die kleingehackte Zwiebel, das Chilipulver, das Salz und das Paprikagewürz gut unterrühren. Den flüssigen Honig zugeben.

Zum Schluss mit der in Würfel geschnittenen Orange und etwas Koriander schön anrichten.

Benefits: Lecker, fruchtig, orientalisch.

Rezept 54 - Tomatensalat mal anders

Im Sommer frische Tomaten – lecker.

Zutaten:

- 500 g Tomaten (*hier auch mal ruhig beim Gemüsebauern alte Tomatensorten kaufen – möglichst saftige Sorten wählen.*)
- 5 EL Olivenöl
- 1 EL Honig
- Salz
- schwarzer Pfeffer
- Ingwerpulver
- eine Prise Harissa
- 100 g Schafskäse
- Gehackte Walnüsse (50 g)

Backofen auf 180 Grad vorheizen. Die Tomaten halbieren und mit der Schnittfläche nach oben auf das Backblech legen. Mit dem Olivenöl beträufeln und 30 Minuten backen lassen.

Die Tomaten abkühlen lassen, häuten und kleinhacken. Die Tomaten mit der Flüssigkeit, die sich beim Garen gebildet hat, in einen Topf geben und den Honig und die Gewürze unterrühren.
5 Minuten einkochen lassen.
In einer Schüssel anrichten und mit den gehackten Walnüssen und dem zerbröselten Schafskäse garnieren.

Benefits: Mega lecker und Tomaten werden gekocht oft besser vertragen als roh. Deswegen geht dieser Salat auch mal gut statt mittags auch an einem lauen Abend mit einer Scheibe Brot.

Rezept 55 - Und wieder der Orient – „low carb Taboule“

Wieder orientalisch, wieder low carb, wieder voller guter Sirtuine. Im Original wird die Taboule ja mit Couscous zubereitet, der als Weizen natürlich viele Carbs hat.

Zutaten:

- 1 Blumenkohl (*oder fertigen Blumenkohlreis aus der Tiefkühle vom Edeka*)
- 1 Gurke
- 1 Paprika
- 3 Frühlingszwiebeln
- 1 Handvoll Walnüsse
- 1 Handvoll Rosinen
- 30 g Koriander oder Petersilie
- 3 TL Harissa
- 1 EL Olivenöl
- 2 EL Apfelessig
- 2 TL Honig
- Salz und Pfeffer
- 100 g Granatpafelkerne

Blumenkohl waschen und in der Küchenmaschine zerkleinern oder in der Reibe reiben – wenn man den fertigen Blumenkohlreis hat, entfällt dieser Schritt.

Gurke in kleine Würfel, Frühlingszwiebeln in kleine Ringe schneiden. Den Koriander klein hacken und Walnüsse zerkleinern.
Etwas Olivenöl in einer Pfanne erhitzen. Frühlingszwiebeln kurz andünsten, Blumenkohlreis, Rosinen und Harissa hinzufügen und bei mittlerer Hitze für ca. 5 Minuten andünsten.
In der Zwischenzeit die Salatmarinade aus Olivenöl, Apfelessig, Honig, Salz und Pfeffer zubereiten. Blumenkohlreis kurz auskühlen lassen und anschließend mit den restlichen Zutaten (*Gurke,*

Paprika, Petersilie und Walnüsse) und der Marinade vermengen. Zum Schluss die Granatpafelkerne unterrühren - toll für Frauen im Wechsel.

Im Sommer ist es auch super, den Salat mit frischen Erdbeeren zu garnieren. Erdbeeren sind pures Sirtfood.

Wer keinen Blumenkohl mag, der kann auch 100 g Buchweizen statt dem Blumenkohlreis nach Packungsbeilage zubereiten.

Benefits: Low carb und sirtuinreich.

Rezept 56 – Mango Salat

Vom Orient auf nach Asien, in mein Lieblingsland Kambodscha. Ein Salat mit zwei troischen Lieblingen, der Papaya und der Mango.

Zutaten:

- 1 reife Mango
- 1 Papaya
- 200 g Rucola und Radicchio
- 1 rote Zwiebel
- 200 Schafskäse
- Saft von 1 Limette
- Saft von einer Zitrone
- 2 EL Honig
- 1 Prise Salz
- Etwas Currypulver
- 1 Chilischote klein geschnitten
- 5 EL Olivenöl

Die Mango vom Stein schneiden. Fruchtfleisch schälen und grob würfeln. Die Papaya schälen und in kleine Würfel schneiden. Den Rucola und den Radicchio waschen und klein schneiden.
Die Zwiebel schälen, vierteln und in feine Streifen schneiden. Schafskäse grob zerbröseln. Die Chilischote klein schneiden.

Für das Dressing: Zitronensaft, Limettensaft, Honig, Salz und Currypulver mit dem Olivenöl verrühren.
Den Rucola, den Radicchio, die Mango, die Papaya, die Zwiebeln und den Schafskäse in einer Salatschüssel anrichten, den kleingeschnittenen Chili gut unterrühren mit dem Dressing anmachen.

Benefits: Fruchtig leichter Tropengenuss – besonders lecker ist die Kombi Frucht und Käse.

Rezept 57 – Süßkartoffel Gulasch

Meine Großmutter wurde in Österreich Ungarn, KUK, Böhmen geboren. Ihr Kartoffelgulasch war so extrem lecker, dass es immer noch in unserer Familie gekocht wird.

Ich habe hier die „Low Carb"-Variante mit Süßkartoffeln gewählt, die ja von den Carbs und dem glykämischen Index her „besser" sein sollen als Kartoffeln.

Zutaten:

- 500 g Süßkartoffeln
- 1 große Zwiebel
- 3 Zehen Knoblauch
- 2 Paprikas gelb und rot
- 5 Tomaten
- 500 ml Gemüsebrühe
- Salz, Pfeffer, ungarisches Paprikagewürz
- Etwas Sahne

Die Süßkartoffeln schälen und in kleine Würfel schneiden. Die Zwiebel schälen und in Ringe schneiden. Paprika waschen, säubern und würfeln. Die Tomaten häuten und würfeln. Die Knoblauchzehen schälen und klein hacken.

Die Zwiebeln im Öl glasig andünsten, die Süßkartoffeln zufügen und ebenfalls leicht anbräunen. Die gewürfelten Paprikaschoten und Tomaten zugeben, die Gewürze darüber streuen und mit der Brühe aufgießen. 20 Minuten sanft schmoren lassen, gegen Ende der Garzeit die Sahne zugeben.

Das fertige Gulasch noch mit etwas Salz und Pfeffer abschmecken.

Rezept 58 – Veganes indisches Curry

Sehr einfach und sehr lecker und perfekt wandelbar, je nachdem, ob man Huhn verwendet, Rind, Fisch oder Tofu. Das Original ist mit Huhn, ich verwende hier aber Tofu, der gutes Sirtfood ist. In diesem Fall Räuchertofu, der durch den Eigengeschmack auch ein bisschen an Huhn rankommt. Sie dürfen hier gerne eine größere Menge kochen und dann die Reste in den Kühlschrank geben für die nächste Mahlzeit. Es können hier auch gut mehrere Personen satt werden, also auch super, wenn Besuch da ist.

Zutaten:

- 400 Gramm Räuchertofu in Würfel geschnitten
- 1 Zwiebel, 3 Zehen Knoblauch
- Klein geschnittenes Gemüse (*1 Zucchini und 2 Karotten*)
- 1 Dose passierte Tomaten
- 1 Dose Kokosmilch
- Pfeffer, Salz, Garam Masala und Zimt
- Frischer kleingeschnittener Koriander zum Garnieren

Zwiebel und Knoblauch schälen, klein schneiden und im Kokosfett anbraten. Den Tofu würfeln und ebenfalls schön kross anbraten. Sollte „Farbe“ annehmen. Das kleingeschnittene Gemüse zugeben und mitbraten. Mit der Tomatensauce auffüllen. Würzen (*je einen Teelöffel der Gewürze, außer Salz – hier nur eine Prise*) und ca. 25 Minuten köcheln lassen. Zum Ende der Garzeit die Kokosmilch zugeben und kurz vor dem Servieren das Gericht mit Koriander garnieren. Dazu gibt es Reis.

Benefits: Geht super schnell und schmeckt sehr lecker. Wenn Fleischesser zu Besuch kommen, brate ich gerne Huhn oder Pute an, im Sommer auch gerne Kabeljau. Leute, seid kreativ. Es schmeckt in jeder Version und Zimt und Koriander geben den Extrakick Sirtuine.

Rezept 59 – Gebratenes Lachsfilet mit kroatischen Zucchinibratlingen

Die Zucchinibratlinge lernte ich in Kroatien kennen und lieben. Sie passen perfekt zu schönem, gebratenem Lachs.

Zutaten:

- 3 Karotten
- 1 Zucchini
- 1 Zwiebel
- 2 Eier
- 7 EL Dinkelmehl
- Salz, Pfeffer
- 1/2 TL Backpulver
- 1/2 TL Kurkuma
- 1 TL Paprikapulver

Zucchini und Karotten raspeln oder in der Küchenmaschine klein häckseln. Die Zwiebel klein schneiden und zu den Karotten und den Zucchinis geben. Gut salzen und pfeffern, das Kurkuma und Paprikapulver hinzugeben. Das Dinkelmehl, Backpulver und die Eier unterrühren und alles gut vermengen. In heißem Fett portionsweise schön ausbacken.

Parallel in einer zweiten Pfanne pro Person ein Lachsfilet mit der Hautseite nach unten in Kokosfett mit ein wenig kleingeschnittenem Knoblauch gar braten.

Benefits: Leckere Omega-3-Fettsäuren aus fettem Fisch und Gemüse – was will man mehr? Geht auch mit gebratenem Putenfilet (*schön mit Paprikagewürz anbraten*) oder man brät sich ein Steak dazu. Veganer können sich in der zweiten Pfanne auch gerne in Scheiben geschnittenen Tofu (*mit Paprikagewürz*) in Sesamöl anbraten.

Rezept 60 – Steak mit Gemüsepommes

Gemüsepommes sind eine leckere low-carb-Alternative zu normalen Pommes und sie sind Sirtfood. Beim Fleisch bitte auf artgerechte Herkunft und Bio Qualität achten.

Zutaten:

- Rinder Steak individuell je nach Anzahl der Fleischesser
- Für die Pommes: 2 Karotten
- 2 Pastinaken
- 1 Süßkartoffel
- ein halber Knollensellerie

Den Backofen auf 200 Grad vorheizen. Das Gemüse waschen, die Süßkartoffel und den Knollensellerie schälen und alles in fingerdicke Stifte schneiden. Die Gemüsestifte auf ein mit Backpapier ausgelegtes Backblech geben. Leicht salzen, mit Olivenöl beträufeln und ein paar kleingeschnittene Zweige Rosmarin dazugeben. Ein Geheimtipp ist die Brecht-Gewürzmischung Kumin, Koriander und Muskatnuss, mega lecker.

Ca. 30 Minuten backen.

Zum Ende der Garzeit der „Pommes" pro Person ein Steak in etwas Öl mit klein gehacktem Knoblauch und Zwiebeln je 3 Minuten von beiden Seiten anbraten und mit etwas Salz und Pfeffer würzen. Die „Pommes" schmecken aber genauso gut als Beilage zu einem Lachsfilet oder für Vegetarier zu gebratenem Tofu.

Benefits: Low carb und viele Sirtuine, keine Transfette wie bei Pommes und kein Acrylamid.

Rezept 61 – Fisch Amok – Kambodscha on its best

Mein Fave in Kambodscha, eigentlich ein Curry.

Zutaten:

- 400 g Fischfilet - Kabeljau
- 5 Stangen Zitronengras
- Eine Prise Galgant
- Ein kleines Stück frische Kurkumawurzel
- 6 Kaffirlimettenblätter
- 4 Knoblauchzehen
- Eine Limette
- 2 rote Chilis
- 3 kleine Zwiebeln
- 2 TL Chilipaste aus dem Asia-Shop
- 2 EL Fischsauce
- 2 TL brauner Zucker
- 250 ml Kokosmilch
- Eine Prise Salz

Das Zitronengras in Scheiben schneiden.
Die Kurkumawurzel schälen und in kleine Stücke schneiden. Handschuhe anziehen, färbt bestialisch.

Die Kaffirlimettenblätter in feine Streifen schneiden, dabei die mittlere Blattader entfernen. Die Zwiebeln würfeln. Die Chilis in Scheiben schneiden. Den Knoblauch klein hacken.

Zitronengras, Kurkuma, Kaffirlimettenblätter, Knoblauch, Chilis, die Zwiebeln und das Galgantpulver im Mörser zu einer Paste zerstoßen. Mit der Fischsauce, dem braunen Zucker, der Chilipaste und 200 ml Kokosmilch zu einer cremigen Sauce verrühren. Mit Salz abschmecken. Die Sauce in einen Wok geben und erhitzen. Den Kabeljau in mundgerechte Stücke schneiden,

zur Sauce geben und mindestens 30 Minuten ziehen lassen.
Zum Fisch-Amok passt am besten duftender Basmatireis oder auch Blumenkohlreis.

Benefits: Sie werden es lieben. Was für Gäste, die Sie danach fragen werden, ob Sie ein Restaurant aufmachen wollen. Garantiert! Geht natürlich auch mit Huhn, Pute, Rind oder Tofu.

Rezept 62 – „Du scharfe Chica“ – Puten Tikka

Haben „meine“ Schwangeren beim nahen Inder immer gegessen, wenn sie kurz vor Termin waren, die Schärfe des Gerichts soll angeblich Wehen auslösen.

Zutaten:

- 6 Knoblauchzehen
- 10 cm frischer Ingwer
- 2 entkernte, rote Chilischoten
- Olivenöl
- 1 EL Senfsaat
- 1 EL Paprikapulver
- 2 TL gemahlener Cumin
- 3 EL Garam Masala
- 200 g Naturjoghurt
- 4 Putenbrüste - in große Würfel geschnitten – oder Hühnerbrüste
- 1 EL Kokosfett
- 2 mittelgroße Zwiebeln, geschält und fein geschnitten
- 100 g passierte Tomate
- Salz
- 115 ml Crème double
- eine Handvoll frischer Koriander, gehackt
- Saft von 2 Limetten

Knoblauch und Ingwer mit der Käsereibe sehr fein reiben und in eine Schüssel geben. Die Chilis so fein wie möglich schneiden und mit dem Knoblauch und Ingwer mischen.

Einen guten Schuss Olivenöl in einer Pfanne erhitzen und die Senfsaat hineingeben. Sobald die Senfkörner zu platzen beginnen, zusammen mit Cumin, Paprikapulver und 2 EL Garam Masala zur Knoblauch-Ingwer-Mischung geben.

Die Hälfte der Mischung mit dem Joghurt vermengen und damit die Puten oder Hühnerwürfel marinieren. Sollte ca. 30 Minuten durchziehen dürfen.

Die Zwiebeln in einem kleinen Topf im heißen Kokosfett anbraten und die übrige Hälfte der Gewürzmischung dazugeben, ca. 15 Minuten sanft köcheln lassen.

Die passierte Tomate, einen halben Liter Wasser und eine Prise Salz dazugeben. Gut umrühren und ca. 5 Minuten köcheln lassen bis sich die Soße reduziert hat und leicht dick geworden ist. Zur Seite stellen.

Die marinierten Putenstücke im Wok scharf anbraten. Wenn die Puten-Würfel fast gar sind, die Sauce aus dem Topf zugeben und köcheln lassen. Die Crème Double, den gehackten Koriander und den Limettensaft einrühren.

Mit Blumenkohlreis (*fertig aus der Tiefkühltruhe – nur kurz in der Pfanne erhitzen*) servieren.

Benefits: Sehr lecker, aber auch ganz schön scharf.

Rezept 63 – Veganes Pilaw

Und noch einmal eine kleine kulinarische Reise ins Morgenland.

Zutaten:

- 200 g Tofu
- 200 g Erbsen
- 1 Zwiebel
- 1 EL Olivenöl
- 100 g Blumenkohlreis (*fertig aus der TK vom z.B. Edeka*)
- 1 El Harissa
- 100 g gehackte Datteln
- 100 g gehackte Mandeln
- 100 ml Gemüsebrühe
- Etwas Salz

Den Tofu würfeln. Die Erbsen auftauen lassen. Die Zwiebel schälen und ebenfalls würfeln.

Das Olivenöl in einem Topf erhitzen und die Zwiebelwürfel darin bei mittlerer Hitze 2 Minuten anschwitzen. Den Blumenkohlreis und das Currypulver einstreuen und ebenfalls ca. 1 Min. anrösten. Die Gemüsebrühe dazu gießen und den „Reis" abgedeckt bei mittlerer Hitze ca. 5 Minuten braten.

Während der Reis brät, in einer Pfanne die Erbsen und den Tofu in heißem Kokosfett ebenfalls ca. 5 Minuten kross anbraten. Wenn der Tofu und die Erbsen fertig sind, den Blumenkohlreis mit in die Pfanne geben und alles gut vermengen.

Den Pilaw zuletzt mit Salz und Harissa abschmecken und die Datteln und die Mandeln unterrühren, diese dürfen sich auch noch kurz in der Pfanne erwärmen und ihr Aroma an den Pilaw weitergeben.

Benefits: Low carb, fruchtig, Datteln als Sirtfood.

Rezept 64 – „Fisch and Chips Healthy Style"

Fisch und Chips, gesund? Mit diesem Rezept schon. Auf die Idee kam ich auf dem Festessen bei Bekannten, da war der Fisch mit Mandeln paniert.

Zutaten:

- 500 g Kabeljau, 2 Eier
- 80 g gemahlene Mandeln
- Salz und Pfeffer
- 600 g Pastinaken, 2 EL Olivenöl
- Etwas Paprikapulver, Salz und die Brecht-Gewürzmischung (*meine „Geheimwaffe"*)

Backofen auf 200 Grad Ober- und Unterhitze vorheizen. Backblech mit Backpapier auslegen.
Die Pastinaken schälen und in Stifte schneiden. In eine Schüssel geben, mit Olivenöl, Paprikapulver, Salz und der Brechtmischung beträufeln. Die Pommes aufs Backblech verteilen. Bei 200 Grad für ca. 20 - 25 Minuten knusprig backen.

Im letzten Drittel der Garzeit der Pommes, zwei Eier aufschlagen und mit einer Schüssel mit Salz und Pfeffer verquirlen. Die gemahlenen Mandeln (80 Gramm) in eine zweite Schüssel geben. Die Kabeljaufilets in größere Stücke schneiden, wenn nötig trocken tupfen und erst im Ei und dann in den Mandeln wenden.

Kokosfett in einer Pfanne erhitzen, die „panierten" Fischstücke darin von jeder Seite goldbraun braten. Die Fish and Chips kann man mit einem Klecks Skyr Natur als Dipp oder mit einer Guacmole (*Rezept 16 bei den Frühstücken*) servieren.

Benefits: Sehr lecker, wenn Gäste kommen, die „Fastfood" lieben, die werden begeistert sein, wie lecker Low Carb-Sirtslowfood schmeckt.

Rezept 65 – Borschtsch

Jetzt wenden wir uns unserem Nachbarland Polen zu und einem absolut leckeren Gericht, das es in fast ganz Osteuropa gibt – dem Borschtsch. Ein leckerer Zungenbrecher und sehr gesund.

Zutaten:

- 500 g Rote Beete - vorgegart
- 4 Karotten
- 700 g Weißkohl
- 1 große Süßkartoffel
- 2 Pastinaken
- 3 Knoblauchzehen, gepresst
- 1 Zwiebel
- 2 EL Petersilie, gehackt
- 4 EL Tomatenmark
- 1 Liter Gemüsebrühe
- Salz und Pfeffer
- Kokosfett zum Anbraten
- 200 ml saurer Schmand

Die Zwiebel und den Knoblauch schälen und klein hacken.
Das Gemüse waschen, wenn nötig schälen und würfeln.
Etwas Kokosfett im Wok erhitzen. Die Zwiebel und den Knoblauch anbraten und das Gemüse zugeben und anbraten.

Die Brühe dazu gießen und zum Kochen bringen. Tomatenmark unterrühren. 20 Minuten köcheln lassen, bis das Gemüse gar ist. Gut umrühren. Salz und Pfeffer hinzugeben und den Eintopf mit dem Schmand verzieren.

Benefits: Lecker im Winter als nährender Eintopf.

Rezept 66 – Pilzsuppe

Bleiben wir noch in Polen? Herbst, Pilze, was will man mehr?

Zutaten:

- 200g gemischte Pilze (*z. B. Champignons, Egerlinge, Kräuterseitlinge, Pfifferlinge, Steinpilze*)
- 1 Knoblauchzehe
- 1 EL Butter
- 400 ml Gemüsebrühe
- 75 ml Sahne
- Salz und Pfeffer
- frisch gemahlene Muskatnuss
- Etwas Zitronensaft
- Eine Handvoll Petersilie

Die Pilze putzen und würfeln. Den Knoblauch schälen und fein würfeln. Die Butter in einem Topf zerlassen, Pilze und Knoblauch darin 2-3 Minuten andünsten. Die Brühe dazu gießen. Die Suppe aufkochen lassen und bei mittlerer Hitze 10 Minuten garen. Die Sahne einrühren und die Suppe mit Salz, Pfeffer, Muskat und Zitronensaft würzen.

Mit der gehackten Petersilie garnieren.

Benefits: Lecker und aromatisch.

Rezept 67 – „Kalte Tomate“ – lecker Gazpacho

Wo ich gerade an diesem Rezept schreibe, hat es fast tropische Temperaturen. Super für eine Gazpacho, die schön kühlend wirkt.

Zutaten:

- 3 große Tomaten
- 1 Stangensellerie
- 1 Gurke
- 1 rote Paprika
- 3 Knoblauchzehen und eine kleine rote Zwiebel
- 1 Bio-Orange (*Saft und Schale*)
- Zitrone (*Saft*)
- 1 EL Apfelessig und ein EL Rotweinessig
- 400 ml passierte Tomaten
- 150 ml Wasser
- 2 TL Salz
- 1 Prise Pfeffer, 1 Prise Chili Pulver
- 2 EL Olivenöl
- 1 Bund Koriander

Die Hälfte der roten Paprika und der Gurke und ein kleines Stück der Selleriestange in sehr kleine Würfel schneiden – diese dienen später als Topping auf der Suppe statt den sonst in Spanien unvermeidlichen Brotwürfeln. Den Koriander klein hacken.

Das restliche Gemüse in grobe Stücke schneiden. Von der Orange 2 EL Schale abreiben. Die Orange und die Zitrone auspressen.

Das grob geschnittene Gemüse mit dem Orangen – und Zitronensaft im Mixer pürieren. Mit Salz, Pfeffer und dem Chili Pulver würzen und den Essig untergeben.

Zum Schluss die Suppe mit den Gemüsewürfeln und dem Koriander garnieren und etwas Olivenöl darüber träufeln.

Benefits: Ideal für den Sommer.

Rezept 68 – „Gurke mal anders“

Heute soll es noch heißer als gestern werden. Bis zu 38 Grad. Perfekt für die kalte Gurke, idealerweise vielleicht aus dem eigenen Garten.

Zutaten:

- 1 Gurke
- 1 gelbe Paprika und eine Stange Sellerie
- 2 Knoblauchzehen
- 1 Avocado
- 2 Frühlingszwiebeln
- 150 ml Skyr Natur
- 2 EL Apfelessig
- Salz
- Pfeffer
- etwas Chili Pulver

Die Gurke längs halbieren und grob zerkleinern. Die Paprika, den Sellerie und die Avocado zerkleinern. Den Knoblauch und die Zwiebeln klein hacken.

Alle Zutaten pürieren, bis sie eine cremige Konsistenz haben.

Mit Salz, Pfeffer und Chilipulver abschmecken, den Apfelessig einrühren.

Ein bis zwei Stunden in den Kühlschrank stellen, bis das Gazpacho vollständig abgekühlt ist. Mit dem Skyr garnieren.

Desserts und Süßes und kleine Snacks

Hier gibt es leckere Desserts und Süßes für besondere Gelegenheiten und kleine Snacks wie die Sirtfood Dattelbällchen.

Wichtig: Meiner Meinung nach sollte man Zwischenmahlzeiten eher meiden, da in den Nahrungspausen Sirtuine freigesetzt werden und man diesen Prozess unterbricht, wenn man dauernd isst.

Die kleinen Sünden, die man in der Sirtwoche „begehen“ kann, habe ich gekennzeichnet, die anderen „Sünden“ sind für die Phase 3 und danach, wenn man mal Gäste hat, die man mit Sirtfood bezaubern will oder für den Cheatday zu besonderen Gelegenheiten.

Denn auch hier gilt: Mit Sirtfood kann man perfekt cheaten und Ihre Gäste werden begeistert sein, wie gut Sirtfood schmecken kann. Und sirtfooden sollte man ja sein Leben lang.

Rezept 69 - Kokos Panna cotta low carb

Ich bin normalerweise nicht sehr süß. Die Panna Cotta bei meinem Lieblingslokal war aber immer extrem lecker und deswegen mache ich im Sommer gerne die Low Carb-Panna Kotta mit Kokosmilch und Beerenobst. Beeren haben sehr viele Antioxidantien, Polyphenole, Vitamin C und sehr wenig Zucker für Obst. Im Sommer schön frisch.

Zutaten:

- 400 ml Kokosmilch, 1 Vanilleschote
- 6 g Gelatine
- 100 g Erythrit (*wird sehr süß, man kann auch 50 g nehmen – einfach ausprobieren*)
- Frische Blaubeeren, Himbeeren oder Johannisbeeren zum Garnieren

Die Kokosmilch in einen Topf geben und das Mark der Vanilleschote und die Schote selber hinzufügen. Wenn gewünscht mit Erythrit süßen. Nun die Kokosmilch erhitzen; sollte aber nicht kochen.

Anschließend die Vanilleschote entfernen, dann die Gelatine nach Packungsbeilage vorbereiten und unterrühren. Zum Schluss die Panna Cotta in Gläser füllen, abkühlen lassen und 3 Stunden zum Erstarren in den Kühlschrank stellen.

Vor dem Servieren die Gläser kurz in sehr heißes Wasser tauchen und die Panna Cotta an den Glasrändern mit einem spitzen Messer vorsichtig lösen und auf die Teller stürzen. Mit den Beeren hübsch garnieren.

Benefits: An heißen Tagen ein fruchtig kühler Gaumenschmaus, low carb, Beeren sind wie gesagt einheimisches Powerfood (gerne auch Tk – Beeren) und pures Sirtfood. Nicht unbedingt in der Sirtwoche, aber danach, wenn Gäste kommen. Diese werden überrascht sein, wie lecker Sirtfood sein kann.

Rezept 70 - „Schokosünde ohne Sünde"

Zutaten:

- 2 Becher Schlagsahne
- 50 g Bitterschokolade 85 Prozent
- 2 EL Erythrit
- Eine Handvoll Kakaonipps zum Garnieren und ein paar Physalis

Die Sahne in einem Topf erhitzen. Die Schokolade hacken und zusammen mit dem Erythrit in den Topf geben. Gut umrühren und für ca. 3 Stunden kaltstellen.

Wenn die Masse gut durchgekühlt ist, mit dem Handrührgerät auf höchster Stufe steif schlagen.

Mit den Kakaonipps und Physalis garnieren.

Benefits: Low carb und mit der Bitterschoki sirtuinreich. Perfekter Nachtisch für Gäste.

Rezept 71 - Orientalische Dattelbällchen – „Sirtfood zum Naschen“

Die Dattelbällchen mache ich schon seit vielen Jahren. Das Rezept hatte ich vor sehr vielen Jahren aus der Zeitschrift „Shape“ unter der Rubrik „leichte Plätzchen“. Im Original waren sie platt gedätscht und meine Kollegen meinten sehr lecker, aber mach halt Bällchen, das würde hübscher aussehen. So habe ich das Originalrezept ziemlich abgewandelt. Super nach einem orientalischen Essen zum Kaffee und auch als kleiner Snack für Sirtfooder, denn Datteln sind pures Sirtfood.

Zutaten:

- Eine Packung (250 Gramm) entsteinte Datteln
- 150 ml Orangensaft
- Eine Prise Zimt
- 250 gehackte Haselnüsse oder Kokosraspeln zum Wälzen – sind dann Schneebällchen

Die Datteln mit dem O – Saft und dem Zimt in der Küchenmaschine zerkleinern und danach Kugeln formen.
Die Masse dann in den Haselnüssen oder den Kokosraspeln wälzen.
Eine Variation wäre es, Kakaonips (ca. 30 g) zur Grundmasse zu geben. Wie gesagt: kreativ sein.

Benefits: Datteln sind sehr gesund wegen ihres Kaliums und haben viele Vitamine. Kein nennenswerter Anstieg des Blutzuckers. Zimt ist das beste Gewürz für Diabetiker, da es den Blutzucker senkt und die Durchblutung in den Gefäßen bessert (*häufiges Problem bei Diabetikern*). Kakaonips sind Sirtfood pur. Die fertigen Bällchen gehören in den Kühlschrank. Perfekt für die Sirtwoche in der Phase 2.
Mein Tipp: Kaufen Sie Medjool Datteln (*pures Sirtfood*).

Rezept 72 - Low Carb Mandel Kekse – perfekt zum Kaffee

Mir reicht nach einem Menü oft ein Espresso mit Mandelkeks. Die Low-Carb-Variante ist genauso lecker wie der „kleine Italiener“.

Zutaten:

- 80g Butter
- 1g Backpulver
- Eine Prise Salz
- 250g gemahlene Mandeln
- 70g Xylit
- 45ml Milch
- Eine Prise Zimt

Den Backofen auf 150°C Umluft vorheizen. Die Butter in einen Topf geben und dann bei mittlerer Hitze komplett schmelzen.
Den Xylit und die gemahlenen Mandeln in eine Schüssel geben und mit dem Backpulver, der Prise Salz und der Prise Zimt vermengen.
Die geschmolzene Butter und die Milch zu den trockenen Zutaten geben und alles zu einem schönen Keksteig verkneten. Den Teig solange kneten bis wirklich alles gut vermengt ist.

Zwei Backbleche mit Backpapier auslegen. Mit einem kleinen Löffel 22 kleine Teigkugeln formen und diese Kugeln dann auf die zwei Backbleche verteilen.

Mit der Hand ca. 0,5 cm hohe Kekse formen und gleichmäßig verteilen. Nach dem Formen die Backbleche in den Backofen schieben. Für ca. 15 Minuten bei 180 Grad backen bis die Plätzchen außen leicht braun sind. Danach auf dem Blech auskühlen lassen und erst nach dem vollständigen Abkühlen in eine Dose geben. Sonst kann es nämlich sein, dass sie zerbrechen!

Rezept 73 - Keto Variante der Mandelkekse (mit Ei)

Zutaten:

- 250g Mandelmehl
- Ein Ei
- 10g Stevia Extrakt Pulver
- 125g Weidebutter
- 25g Erythrit Puderzucker
- Eine Prise Salz

Alle Zutaten vermengen und einen Keks Teig herstellen.
Eine Stunde in den Kühlschrank stellen.

Den Backofen vorheizen (150 Grad Umluft) und 2 Backbleche mit Backpapier auslegen.

Anschließend den Keks-Teig ausrollen und mit Ausstechformen Figuren ausstechen.
Die Kekse 10 Minuten fertig backen.

Benefits: Beide Varianten sind sehr lecker und haben ganz wenig Carbs, perfekt zum Kaffee und in Sirtphase 2 und 3 als kleiner Snack.

Rezept 74 - Hüttenkäse Snack

Kein Dessert, aber ein leckerer Snack, der sich perfekt eignet, wenn man sportelt und die Fettverbrennung bzw. die Nachbrennphase unterstützen möchte. Diesen Snack empfiehlt auch der Keto-Autor Bruce Five, der „Papst der Kokosnuss".

Zutaten:

- Eine Packung Hüttenkäse
- Ein EL Kokosöl
- schwarzer Pfeffer

Verrühren und mit schwarzem Pfeffer würzen.

Benefits: Sehr lecker, extrem eiweißreich und gesundes Fett. Eignet sich perfekt für eine Person nach dem Sport, wenn die nächste Mahlzeit noch in weiter Ferne liegt. Nach dem Sport eiweißreich zu essen, ist super um die Fettverbrennung zu unterstützen. Sirtfood-Woche-kompatibel.

Rezept 75 – süßer Hüttenkäse

Zutaten:

- 200g Hüttenkäse, 1 EL Kokosöl
- Zimt
- frische Blaubeeren, Kakonipps

Verrühren und mit Zimt würzen, mit frischen Blaubeeren und Kakonipps garnieren.

Benefits: Zimt ist super für die Durchblutung und regt den Stoffwechsel an, Kakaonipps und Blaubeeren sind Sirtfood.
Perfekt für die Sirtwoche.

Rezept 76 - Low Carb - Lebkuchen

Weihnachten ohne Lebkuchen ist kein Weihnachten. Dieses Rezept hat viel weniger Zucker und Carbs als normale Lebkuchen, gute Lebkuchen brauchen nur Nüsse und Gewürze. Ein sehr leckeres Low Carb-Rezept fand ich auf der Facebookseite von Anna Lewandowska, der Frau des Bayern Stürmers Robert Lewandowski.

Zutaten:

- 300g gemahlene Haselnüsse
- 65g gehackte Mandeln
- 3 Eier, 5 Messerspitzen Stevia
- 1 Messerspitze Backpulver
- 1 EL Lebkuchengewürz
- Oder 1 EL Gewürzmischung Koriander, Cumin und Muskatnuss von Brecht, dann noch etwas Zimt beimischen
- 75g dunkle Schokolade 85 Prozent zum Glasieren.

Haselnüsse, Mandeln, Stevia, Gewürze (*beide Optionen*) und Backpulver vermengen und mit den Eiern verkneten.
Den Backofen auf 160 Grad Ober-/ Unterhitze vorheizen.
Ein Backblech mit Backpapier auslegen.

Circa 9 Lebkuchen formen: Kugeln formen, platt drücken und auf das Blech legen. Für ca. 20 Minuten backen und danach abkühlen lassen.

In der Zwischenzeit die Bitterschokolade im Wasserbad schmelzen und die Lebkuchen glasieren. Die Lebkuchen mit Schokoglasur überziehen und nach Belieben mit gehackten Nüssen bestreuen.
Gut auskühlen lassen und in eine Plätzchendose geben.

Rezept 77 - Low Carb - Sommer - Kuchen

Wenn wir im Sommer Besuch bekommen, dann eignet sich dieser Kuchen hervorragend.

Das Rezept für den Kuchenboden habe ich von einer Facebook-Freundin.

Zutaten:

- 50g weiche Butter
- 25g Kokosöl
- 50g Mandelmehl
- 50g gemahlene Mandeln
- 50g gemahlene Nüsse wie Paranüsse, Haselnüsse oder Macadamia
- 3 Eier
- 50g Erythrit
- ½ Teelöffel Natron
- 1 EL Apfelessig – lässt den Teig aufgehen

Im auf 180 Grad vorgeheizten Backofen 30 Minuten backen und abkühlen lassen. Schlagsahne steif schlagen, auf dem Kuchenboden verteilen und mit Erdbeeren und Blaubeeren belegen.

Benefits: Low carb und frische fruchtige Beeren, was will man mehr?

Rezept 78 - Rohveganer Blaubeerkuchen

Wild gesammelte Blaubeeren oder Heidelbeeren gelten wegen ihren Sirtuinen und der antioxidativen Wirkung ihrer blauvioletten Pflanzenfarbstoffe als super gesund, vor allem in der rohen Version. Der Clou dieses Kuchens aus Sirtfoodsicht sind allerdings auch die Datteln für den Boden. Datteln sind pures Sirtfood.

Zutaten für den Boden:

- 80 große Medjool Datteln
- 50g Sonnenblumenkerne
- 3 EL Chiasamen

Zutaten für die Füllung:

- 150g Cashewnüsse
- 1 Biozitrone
- 60g Kokosöl
- 3 EL Agavendicksaft
- 300g Heidelbeeren

Cashewnüsse über Nacht in Wasser einweichen.
Die Sonnenblumenkerne in der Küchenmaschine pulverisieren. Die Datteln entkernen und ebenfalls in der Küchenmaschine zerkleinern. Die Chiasamen zugeben und alles gut durchmischen.

Masse aus der Küchenmaschine holen und zu einem Teig verkneten. Eine kleine Springform mit Backpapier auslegen, den Teig auf dem Boden verteilen und leicht andrücken. Ab in den Kühlschrank.

Für den Belag die Zitrone heiß abwaschen, abtrocknen und die Schale abreiben. Die Zitrone auspressen. Die Cashewnüsse abgießen, kalt abspülen und mit 5 Esslöffel Wasser, dem Zitronensaft, dem Kokosnussöl, dem Agavendicksaft und 200 g der Beeren in einem Blender oder Mixer zu einer cremigen Masse verarbeiten. Diese Masse auf dem Kuchenboden verteilen und 2 Stunden in den Tiefkühler geben.

20 Minuten vor dem Servieren rausholen und mit den restlichen Blaubeeren hübsch garnieren. Ich lege gerne ein Herz.

Benefits: Geht im Winter natürlich auch mit den kanadischen Wildheidelbeeren aus der Tiefkühltruhe.

Rezept 74 - Low Carb Erdbeereis

Weihnachten ohne Lebkuchen ist kein Weihnachten und Sommer ohne Eis kein Sommer.
Mittlerweile gibt es viele Eishersteller, die auf low-carb-Bedürfnisse eingehen, zum Beispiel Dr. Almond, Foodspring oder Lizza Low Carb. Ist aber sehr teuer, deswegen selber machen.

Zutaten:

- Skyr Natur 500g (*ein großer Becher*)
- Wer es fetter mag, der kann griechischen Joghurt Vollfett nehmen
- 50g Erythrit
- 1 EL Zitronensaft
- Erdbeeren

Zunächst den Skyr in eine Schüssel geben und solange mit dem Löffel glattrühren, bis eine cremige Masse entsteht. Dazu den Zitronensaft geben und Erythrit einrühren und die pürierten Erdbeeren zugeben. Alles gut glattrühren. Die Masse in die Kühltruhe stellen.

Damit sich keine Eiskristalle bilden, alle halbe Stunde mit einem Löffel erneut durchrühren. Das ist ganz wichtig, damit das Eis cremig wird. Am besten 2 Stunden in der Kühlung lassen und alle 30 Minuten rühren,

Wer Vanilleeis mag, der kann Flavdrops Vanillegeschmack einrühren, ist mir aber zu künstlich.

Benefits: Low carb und fruchtig frisch.

Rezept 75 – Der gesunde Müsliriegel

Müsliriegel sind meistens viel zu süß, deswegen selber machen. Perfekter Snack, zum Frühstück, zum Dessert, nach dem Sport.
Kann man auch zum Wandern mitnehmen.

Zutaten:

- 50g Mandelblättchen
- 30g Mandeln
- 15g Mandeln gemahlen
- 2 EL Honig
- 30g Butter
- 50g Chiasamen
- 10g Kokosraspeln
- Etwas Zimt und eine Prise Salz

Butter und Honig in einem Topf bei geringer Hitze schmelzen lassen. Die Mandeln grob hacken.
Die Butter-Honig-Mischung mit der Prise Zimt „würzen".
Die Mandelblättchen mit der Hand zerdrücken und in eine Schüssel geben.
Die gemahlenen und gehackten Mandeln, Chia-Samen, Kokosflocken und eine Prise Meersalz dazugeben und verrühren.

Die Butter-Honig-Mischung in die Schüssel gießen und alles gut durchrühren.

Mit dem Teigschaber Riegelmischung auf ein mit Backpapier ausgelegtes Backblech geben.
Die Teigmasse zu einem Rechteck mit etwa 1 cm Höhe verteilen.

Die Riegel dürfen für 15 Minuten im vorgeheizten Backofen bei 175°C backen.

Blech aus dem Ofen nehmen und die Riegel etwas abkühlen lassen, den lauwarmen Teig mit einem großen Messer in ca.10 Riegel schneiden. Abkühlen lassen und in einer luftdichten Dose aufbewahren.

Benefits: Perfekter Snack nach dem Sport, auch in der Sirtfoodwoche.

Rezept 76 – „Bountie in gesund“

Ich gestehe, ich liebe Bounty. Und ja, low carb sind sie richtig lecker und gesund!

Zutaten:

- 200 ml Kokosmilch
- 200g Kokosflocken
- 200g Bitterschokolade
- 30g Erythrit oder Xylit

Die Kokosmilch mit den Kokosraspeln in einer flachen Schale mit dem Eryhrit verrühren. Zum Aushärten ca. 30 Minuten lang in die Gefriertruhe stellen.
Die Schokolade in einem Wasserbad schmelzen.
Aus der kalten Kokosmasse ca. 18 kleine Riegel und Riegel für Riegel mit der flüssigen Schokolade überziehen.
Nach weiteren 30 Minuten in der Gefriertruhe sind unsere Bounties fertig, Karibikflair inklusive.

Benefits: Lecker!

Rezept 77 – „Dinkel Apfel Pancake“

Ich komme aus Bayern, wo man gerne Kaiserschmarrn und Pfannkuchen isst, gerade dann, wenn die Frühäpfel aus dem Garten reif sind. Ich habe ein Rezept meiner Schwester low-carb-technisch umgewandelt und voila!

Zutaten:

Pro Person
- eine halbe Tasse Dinkelmehl
- eine halbe Tasse Milch
- 2 Eier
- 2 EL Erythrit
- einen EL Zimt
- 3 Äpfel – je nach Größe mehr

Aus Mehl, Milch, Eiern, Zucker und Zimt einen Pfannkuchenteig anrühren.
Die Äpfel waschen, schälen, vierteln, entkernen und klein schneiden. In einem Topf mit etwas Wasser und Zimt dünsten.
Eine beschichtete Pfanne mit Butter ausfetten und die Äpfel hineingeben. Den Teig dazugeben und einen Pfannkuchen ausbacken.
Zum Schluss den Pfannkuchen, wenn man mag, mit der Gabel zu einem „Schmarrn“ zerteilen.
Ich persönlich mag ihn lieber als Pfannkuchen.
Mit etwas Honig überträufeln.

Rezept 78: Bananabread

Ein einfacher Kuchen, gerade auch für kältere Tage. Natürlich, wie Sie mich kennen, low carb und sirtuintechnisch modifiziert.

Zutaten:

- 350g reife Bananen
- 2 Eier, 100g Butter
- 160g brauner Rohrzucker Bio
- 180g Dinkelmehl
- 1TL Salz
- 2 TL Backpulver
- 1TL Zimt, 150g Walnüsse

Den Ofen auf 170 Grad Umluft vorheizen. Eine Kastenform mit Butter einfetten.

In einer Schüssel die Eier mit dem braunen Zucker und der geschmolzenen Butter vermengen und mit einem Schneebesen schaumig schlagen. Die Bananen schälen und mit einer Gabel grob zerdrücken. Es dürfen noch ein paar grobe Stücke übrig bleiben. Das Bananenmus und den Zimt ebenfalls dazu geben.

Das Dinkelmehl in eine zweite Schüssel hineinsieben und mit dem Salz und dem Backpulver vermengen. Die trockene Mischung vorsichtig mit den nassen Zutaten vermengen, bis sich ein homogener Teig gebildet hat.

Die Nüsse in einer Pfanne ohne Fett anrösten. Ebenfalls zum Teig geben.

Das „Bananabread" ungefähr eine Stunde bei 170°C backen. Nach etwa 35 Minuten überprüfen ob das Bananabread schon sehr dunkel ist. Sollte dem so sein, es mit einem Blatt Alupapier abdecken und weiterbacken.

Wer es sehr saftig mag, sollte den Kuchen 50 Minuten backen, für ein etwas trockeneres Ergebnis 60 Minuten.

Rezept 79 – Mango Lassi – der perfekte Nachtisch im Sommer

Den Abschluss bildet mein Lieblingsnachtisch aus Indien, der streng genommen eigentlich ein Shake ist. Und heiß ist es heute immer noch.

Zutaten:

- 300g Joghurt
- 150g Kokosmilch
- 300g Mango
- 1 EL Honig

Mango schälen und würfeln. Alle Zutaten im Mixer fein mixen. Gekühlt servieren (*mit Eiswürfeln*). Passt super zum orientalischen Dattelbällchen.

Perfekt nach einem indischen Essen.

Einkaufsliste

Die Einkaufsliste habe ich bewusst an den Schlussteil des Buches gesetzt. Nach der Lektüre des Sachteils und dem Schmökern des Praxis – und Rezeptteils ahnen Sie wahrscheinlich, wohin Ihre Reise in der neuen Sirtfood-Welt gehen wird und wissen, welche Rezepte Sie nachkochen wollen.

Sinnvoll ist es bei jeder Ernährungsumstellung, Lebensmittel, die nicht sirtfoodkompatibel sind, erst gar nicht mehr im Haus zu haben, um nicht in Versuchung zu kommen.

Und sich natürlich einen Grundstock an gesunden sirtfoodreichen Lebensmitteln zuzulegen, um abwechslungsreich kochen und backen zu können.

Sinnvoll sind auch manche Küchengeräte, die das Zubereiten mancher in diesem Buch erwähnten Speisen sehr erleichtern oder sogar erst möglich machen, auch diese will ich in diesem Kapitel erwähnen.

Das muss raus:

- Weizenmehl und Produkte aus Weizenmehl wie Weizennudeln, Couscous, Bulgur…
- Weißer Reis – ist zwar lecker, aber der Hauptgrund, warum zum Beispiel Asiaten oft sogenannte Tofis sind (*außen dünn – innen fett*) und demzufolge eine ziemlich hohe Dunkelziffer an Diabetes mellitus Typ 2 haben.
- Kartoffeln – sind ab und an lecker, sollten aber eher selten gegessen werden, da sie einen hohen Glykämischen Index haben und den Blutzucker stark anregen können. Der Mann einer Patientin von mir, der Diabetiker ist, reagiert zum Beispiel extrem auf Kartoffelknödel.
- Fertigwaren – enthalten oft viel Zucker, Fett, Füllstoffe und Zusatzstoffe – selber kann man viel gesünder und auch viel leckerer kochen.
- Industriezucker – Sie werden ihn nicht vermissen und

erstaunt sein, in wie vielen Lebensmitteln er zugesetzt ist – deswegen genau die Zutatenliste der Lebensmittel durchlesen und Fruchtjoghurt lieber selber aus Joghurt und frischen Früchten zubereiten – schmeckt besser und ist tausendmal gesünder.

- Wurstwaren – stecken oft voller Transfette und verstecktem Zucker – wenn, dann bitte unbedingt im Bioladen kaufen.
- Süßigkeiten
- Fruchtsäfte, Softdrinks und Limonaden – wahre Zuckerbomben
- Bäcker – Sie hören es wahrscheinlich nicht gerne, der Gang zum Bäcker ums Eck wird nicht sirtfoodfreundlich ausfallen - deswegen zu Hause frühstücken – spart auch Geld
- Alkohol – außer gutem Rotwein keine so gute Idee

Das muss rein:

- Mehlalternativen – Vollkornmehle, Dinkel und Roggen, glutenfreie Mehle wie Mandelmehl oder Kokosmehl (*gibt es mittlerweile auch im Supermarkt*).
- Nudelalternativen – Konjaknudeln (*Shileonudeln*) – Die Konjak-Pflanze, auch *Teufelszunge* oder *Amorphophallus konjac* (Amorphophallus rivieri) genannt, ist ein Gewächs aus der Familie des Aronstabs und fester Bestandteil der asiatischen Küche. Super wenig Carbs - 100 Gramm gekochte Getreide-Nudeln haben 138 Kalorien, Konjakwurzel Spaghetti nur 8. Die in Konjak-Pasta enthaltenen Kohlenhydrate sind unverdaulich, der Fettgehalt geht gegen Null. – Firma Kajnok ist hier der Marktführer - Bioladen.
- Reisalternativen – Shileoreis vom gleichen Hersteller und Blumenkohlreis.
- Kartoffelalternativen – Süßkartoffel – weniger Carbs und besserer Glykämischer Index als Kartoffeln.

Sie merken: Es gibt tolle Alternativen für Liebgewonnenes. Ich will jetzt auflisten, was Sie im Kühlschrank, Ihrer Tiefkühltruhe und in Ihrem Vorratsschrank haben sollten.

Kühlschrank:
- Skyr natur – fürs Frühstück unersetzlich
- Soja Joghurt – ohne Zucker
- Weißer Joghurt ohne Zucker – kann ruhig vollfett sein
- Quark, Hüttenkäse
- Mozzarella, Schafskäse
- Fleisch - aus artgerechter Haltung (Pute, Huhn, Rind)
- Fisch – Kabeljau, Lachs, Hering, Makrele – ergibt manchmal auch ein schnelles kaltes Abendgericht
- Eier – Bioladen
- Sahne und Kokosmilch

Gemüsefach:
- Zucchini
- Süßkartoffeln
- Tomaten
- Paprika
- Blumenkohl
- Karotten
- Broccoli
- Kürbis
- Auberginen
- Salate wie Radicchio und Rucola
- Grünkohl
- Avocado
- Zwiebeln und Knoblauch
- Frische Beeren
- Leinöl

Tiefkühltruhe:

- TK Beeren – Himbeeren, Heidelbeeren, Himbeeren
- TK Gemüse – hat durch das Schockfrosten super viele Vitamine – Erbsen und Bohnen, Blattspinat
- TK Blumenkohlreis – spart viel Zeit
- Fleisch, Fisch, Krabben…

Vorratsschrank:

- Nüsse – Walnüsse, Haselnüsse, Paranüsse, Mandeln…
- Leinsamen
- Haferkleie
- Weizenkleie – Spermidin soll laut einer aktuellen Studie gegen Corona helfen.
- Chiasamen
- Dinkelmehl, Roggenmehl, Mandelmehl, Kokosmehl
- Buchweizenmehl
- Hirseflocken, Haferflocken, Dinkelflocken, Buchweizenflocken
- Quinoa, Amaranth
- Bitterschokolade ab 85 Prozent
- Erythrit, Stevia, Xylit als Zuckeralternativen
- Gewürze – Salz, Pfeffer, Paprikagewürz, Chilipulver Garam Masala, Zimt, Brecht Gewürzmischung – Kumin, Koriander, Muskatnuss – macht sich oft sehr gut, Thymian, Oregano, Rosmarin….
- Datteln
- Passierte Tomaten ohne Zucker
- Sojasauce, Fischsauce, Gemüsebrühe
- Kaffee und grüner Tee

Obstschale:

- Äpfel
- Birnen
- Kirschen
- Mango

- Ananas
- Bananen
- Aprikosen… aber bitte immer bedenken in Maßen (*da viel Fruktose, also Zucker*) besser Beerenobst
- Frische Kräuter – Im Topf auf die Fensterbank, gekauft im Kühlschrank aufbewahren – Petersilie, Koriander, im Topf Schnittlauch, Rosmarin, Salbei…

Tolle Geräte, die das Zaubern Ihrer Sirtfood Speisen sehr erleichtern:

- Pürierstab
- Mixer
- Entsafter für die grünen Smoothies
- Spiralisiergerät zum Beispiel von Kenwood - *elektrisch oder zum Kurbeln*- für die Zucchininudeln
- Küchenmaschine zum Zerkleinern des Blumenkohls oder der Datteln

Rezeptregister

Rezeptregister

Rezeptregister

Über die Autorin

Sie haben mich wahrscheinlich in diesem Buch schon ein bisschen kennengelernt.

Ich bin Heilpraktikerin mit Schwerpunkt Ayurveda-Massagen und Frauenheilkunde, habe lange in einer Hebammenpraxis gearbeitet, jetzt in eigener Praxis.

Ich habe viele Menschen, die mit dem Thema „Gewichtsreduktion" zu mir kommen, wie Frauen in den Wechseljahren oder nach einer Schwangerschaft, aber auch viele Patientinnen und Patienten, die mich im Rahmen eines metabolischen Syndroms um Rat fragen.

Auch mich traf vor 3 Jahren mit Anfang 40 das „Damoklesschwert" frühe Wechseljahre, Hyperandrogenämie, Bluthochdruck und Prädiabetes. Ich probierte einige erfolglose Diäten aus, bis ich auf Low Carb und Sirtfood stieß und es mit Intervallfasten kombinierte. Ich nahm von 68 Kilo auf 58 Kilo bei einer Körpergröße von 1,58 ab. Ich halte dieses Gewicht mühelos und nahm auch im Shutdown nicht zu.

Meine Erfahrungen und mein Wissen gebe ich gerne an meine Patienten und Leser weiter.

Verwendete Literaturquellen – auch für Sie zum Lesen

Dr. William Davies – „Die Weizenwampe – Warum Weizen dick und krank macht“ – wenn man dieses Buch gelesen hat, dann wird einem der Weizen wirklich vergrault. Sehr gutes Buch, wenn Sie es verleihen, bekommen Sie es nie zurück.

Andrea Ballschuh und Fabienne Bill - Zucker is(s) nicht! Unsere 90-Tage-Challenge mit 66 genialen Rezepten ohne Industriezucker - tolles Buch mit super Rezepten und genauer Erklärung, warum Industriezucker nicht gesund ist.

Anastasia Zampounidis – „Für immer zuckerfrei - meine Glücksrezepte“

Giulia Enders – „Darm mit Charme: Alles über ein unterschätztes Organ“ – super zu lesen

Gertrud Scherf – „Wildpflanzen neu entdecken“

Dr. Michaela Axt – Gadermann – „Schlank mit Darm: Mit der richtigen Darmflora zum Wunschgewicht“ – super zu lesen – verständlich und witzig geschrieben.

Ulrike Gonder u.a. – „Der Keto-Kompass: Aktuelles Wissen über ketogene Ernährung, Ketone und Ketose – Wirkweisen, Anwendungen und Chancen– erklärt sehr wissenschaftlich, wie low carb und keto funktioniert

Bruce Five – „Das Keto – Prinzip – Ketogen ernähren mit Kokosöl und Fett“ – gut zu lesen, nicht so wissenschaftlich und trocken

Anna Lewandowska – „Fit und schlank mit Anna – 90 Power Rezepte für deine Traumfigur – Das Erfolgsprogramm der Fitnessexpertin“ – für alle, die wissen wollen, warum der Bayern -Stürmer so fit ist

Aidan Goggins, Glen Matten – „Die Sirtuin Diät“ – absolut gutes Buch

Dr. Anne Fleck – „Ran an das Fett – Heilen mit dem Gesundmacher Fett“ – super Buch - die Idee zu dem Zauber-Joghurt kommt von ihr

Michael Mosley „The fast diet – das Original: 5 Tage essen – 2 Tage fasten“ – erklärt genau, wie Intervallfasten funktioniert, der Autor, selbst Arzt konnte unter anderem seinen Prädiabetes heilen

Pauline Höppner – „Endlich schlank! Interallfasten für Frauen - Fett verbrennen am Bauch & Hungerstoffwechsel ankurbeln durch intermittierendes Fasten. Gesund abnehmen mit Intervallfasten 16:8 & 5:2 - auch für Anfänger“ – ganz tolles Buch

Dr. Petra Bracht – „Intervallfasten: Für ein langes Leben - schlank und gesund“ - sehr gutes Buch mit grünen Veggie Rezepten“

Sabine Wacker „Basenfasten! Die Wacker-Methode“ – alles über den Säure Basen Haushalt

Dr. Sara Gottfried - „Die Hormondiät“ - amerikanische Hormonexpertin

Die jeweiligen aktuellen Studien und Zeitungsartikel zum Thema Corona und Sirtfood habe ich im Text angeführt.

Haftungsausschluss

Die hier dargestellten Inhalte dienen ausschließlich der neutralen Information und allgemeinen Weiterbildung. Sie stellen keine Empfehlung oder Bewerbung der beschriebenen oder erwähnten diagnostischen Methoden, Behandlungen oder Arzneimittel dar. Die Angaben und Empfehlungen erfolgen ohne Verpflichtung oder Garantie der Autorin. Sie und der Verlag übernehmen keine Verantwortung und Haftung für Personen-, Sach- und Vermögensschäden aus der Anwendung der hier erteilten Ratschläge. Dieses Buch hat nicht die Absicht und erweckt nicht den Anspruch, eine ärztliche Behandlung zu ersetzen. Ausdrücklich wird empfohlen, eine medizinische Diagnose vom Therapeuten einzuholen und eine entsprechende Therapiebegleitung durchzuführen. Einige der vorgestellten Maßnahmen weichen von der gängigen medizinischen Lehrmeinung ab und resultieren aus der Erfahrungsheilkunde. Es wird ausdrücklich darauf hingewiesen, dass mit diesem Buch keine erfüllbaren Hoffnungen erweckt werden, die eventuelle Heilerfolge erwarten lassen können. Die Verwertung der Texte und Bilder, auch auszugsweise, ist nur mit Zustimmung des Verlags und der Autorin erlaubt. Dies gilt auch für Vervielfältigungen, Übersetzungen, Mikroverfilmungen und für die Verarbeitung mit elektronischen Systemen. Die in diesem Buch zusammengestellten Adressen erheben keinen Anspruch auf Vollständigkeit. Sie wurden nach bestem Wissen und Gewissen erstellt. Die Angaben gelten vorbehaltlich jeglicher Änderungen. Lassen Sie sich vom Arzt oder Apotheker beraten, bevor Sie zu Vitaminpräparaten greifen. Nicht immer ist eine Nahrungsergänzung sinnvoll.

Quellenverzeichnis

[1] The occurrence of hormetic dose responses in the toxicological literature, the hormesis database: an overview
Edward J Calabrese 1, Robyn Blain
[2] Horwitz, K.T, Nature, 425, 2003
[3] Chalkiadaki – high fat diet triggers inflamation cleavage of Sirt 1 in adipose tissue of promote metabolic dysfunction – cell metab 2012.
[4] Dr. Petra Bracht – Interview vom 23. 03. 2020 in den Stuttgarter Nachrichten
[5] Vitamin D Deficiency and Outcome of COVID-19 Patients
by Aleksandar Radujkovic, Theresa Hippchen, Shilpa Tiwari-Heckler, Saida Dreher, Monica Boxberger and Uta Merle/ Department of Internal Medicine V, University of Heidelberg, 69121 Heidelberg, Germany;
Department of Internal Medicine IV, University of Heidelberg, 69121 Heidelberg, Germany
[6] Münchner Merkur, Juliane Gutmann, 16.06.2020
[7] Gesundheitsstadt Berlin, 8. Juni 2020
[8] Bewusst – vegan – froh – tolle Seite mit vielen Infos über gesunde Ernährung.
[9] Universität Hohenheim, 30.06. 2020 und NFS Journal